拝み屋怪談　幽魂の蔵

郷内心瞳

角川ホラー文庫
22222

蔵出しにして補完、補完にして完遂

　本書は、宮城県の田舎町で長年拝み屋を営む筆者が、自らの実体験や依頼主などから聞き得た、怖くて不可思議な体験談の数々を「怪談実話」としてまとめた本である。

　同時に本書はシリーズ作品でもあり、昨夏、「一応の完結作」と銘打って世にだした『拝み屋怪談　壊れた母様の家〈陰〉〈陽〉』の二部作の他、これまでに巻を重ねてきたシリーズ全体の補完という役割を担う作品でもある。

　あるいは、シリーズの掉尾《ちょうび》を飾る〝もうひとつの終焉《しゅうえん》〟と表してもいいかもしれない。

　他にも、これまで紹介する機会に恵まれなかった奇怪な話もたっぷり紹介していくし、諸事情により、今では読むことの難しくなった過去の話もできうる限り再録した。

　名残惜しさも大いにあれど、ようやくこれにて「拝み屋怪談」シリーズは完遂である。前作で語られた終焉とはまた情景の異なる、「拝み屋怪談」の〝もうひとつの終焉〟を存分に怖がり、驚き、楽しみながら見届けていただければ幸いである。

❖もくじ❖

蔵出しにして補完、補完にして完遂　三
氷点下の裏　六
先触れの白　八
夕暮れの上　一〇
雑木林の顔　一三
お不動さん　紙人形　一四
お不動さん　濡れ石　二〇
お不動さん　禁忌の鯉　二三
長じてのち　二七
お不動さん　調伏　二八
お不動さん　着彩　四二
お不動さん　迷道　四五
蔵の中　壱　四八
年の初めに　陰　五〇
年の初めに　陽　五四
蔵の怪　陰　五八
蔵の怪　陽　六六
幽魂の蔵　至　七五
蔵の中　弐　八四
弁天さん　八六
E.T.　九二
誰なのか　九六
ばったーん！　九八
風ノ助　九九
蔵の中　参　一〇六
最古参　一〇八
ペナルティ　一一〇
戒めの痕　一一四
その代償　一一六
蔵の中　四　一二〇
第一発見者　一二一
あの人のこと　一二四
雨に消えて花に還る　一二六
長い蛇と烙印　一二九
お坊さんと爆竹　一三二
真奈美ちゃんと骸骨　一三八

馴れ初め　一四〇
テレポーテーション　一四五
スタンドバイユー　一四九
あんのんちゃん　一六〇
蔵の中　五　一七〇
蠅　一七二
夢ジャック　一七四
銀色仮面　一七七
耳の中　一七八
絆だから　一八〇
水　妖　一八四
影が行く　一八七
その正体　一八八
大歓迎　一九〇
『怪談始末』の後始末　一九二
一　致　一九四
喰ったのか？　一九八
蔵の中　六　一九九
備　品　二〇〇
キッス　二一二
ばん！　二一五
交　代　二一六
お呼びでしょうか？　二一九
だから誰？　二二二
何もなかった　二二四
そして誰もいなくなった　前　二二五
そして誰もいなくなった　中　二二八
そして誰もいなくなった　後　二三二
蔵の中　七　二三四
みんなで視たね　二三五
第一印象　二三八
芋ロス　二四二
蔵の中　八　二四五
一九七五／〇八／二四　二四六
石楠花《しゃくなげ》と首　二四八
悪いものたち　二五〇
完全包囲　二五二
幽魂の蔵　帰　二五八
光あれ　二七六
前　夜　二八〇

氷点下の裏

昔々——。

宮城県の中部に位置する、小さな田舎町での話である。

当時、私の実家のすぐ近所に、直径三十メートルほどの沼があった。

周囲は人家に囲まれ、そばには県道も延びているため、日中は人の往来も少なくない。

沼の水はいつも黒々と陰気に淀《よど》んでいたが、他にはこれと言って、特筆すべき点はない。

寂れた田舎町を巡り歩けば至るところで見かける、ごくありふれた雰囲気の沼だった。

私が幼稚園の年長組だった、真冬のこと。

夕方、近所の友達の家へ遊びに行った帰りに、この沼の前を通った。

水面には氷が張って、いつもは黒々と淀んだ沼が、濁った銀白色に固まっていた。

氷の厚さがどれほどなのか知りたくなった私は、歩道を離れて沼の岸辺へと向かった。

足元の草地に転がる小石をひとつ拾いあげ、沼へと向かって放り投げる。

小石は乾いた音を静かに響かせ、数メートル先の氷面へ転がった。

今度はもう少し大きな石を拾って投げてみたが、やはり石は乾いた音を鳴らすだけで、沼の氷はびくともしない。

草地の中に視線を巡らせると、拳《こぶし》大の大きな石が見つかった。これならどうだと思い、再び石を拾いあげ、思いっきり投げつける。

石は岸から三メートルほど空を切り、ガラスが砕けるような甲高い音を鳴り響かせた。続いて「ぼしゃり！」と水が弾《はじ》ける音があがり、凍りついた水面から水柱が立ちあがる。

石は白銀色の氷面を見事に打ち砕き、岸からほど近い距離にマンホール大の歪《いびつ》な穴を開けた。思わず歓声があがり、岸から穴の中を覗《のぞ》きこむ。

そこへ水柱と入れ替わるようにして、穴の中から何かがぬっと突きだしてきた。

人の顔だった。

頭がつるつるに禿《は》げあがった男の顔が、穴から音もなく突きだしてきたのだった。

男の肌は汚泥のように黒ずみ、この世の者とは思えない異様な色みを帯びていた。

目玉は白玉団子のごとく真っ白で、ぎょろりと丸い形を描いて見開かれている。

男は氷面に穿《うが》たれた穴から首だけを突きだし、つかのま私の顔をまっすぐ見つめたが、まもなく水中に没して、それきり出てくることはなかった。

先触れの白

小学一年生の二学期。

季節はやはり、寒い時季のことだった。

日に日に寒さが厳しさを増してきた初冬の頃に、こんなことがあった。

休み時間、教室の窓際に置かれた温風ヒーターの前で友人たちと雑談に興じていると、窓ガラスの向こうに白い物が頻《しき》りにちらついているのが、目に入った。

目を凝らして見れば案の定、鈍色《にびいろ》の寒空一面に粉雪がはらはらと舞い降りて、戸外の枯れ景色を白くまだらに染めあげている。

「雪だ！　初雪だ！」

ガラスに両手を張りつけ、私は歓呼した。

私の声に、その場にいた友人のみならず、クラス全体がにわかに色めき立ち、窓辺へ向かってどやどやと押し寄せて来る。

「雪だよ！　初雪だよ！」

戸外を指差し、ぞろぞろと集まってきたクラスメイトたちに笑顔で宣言する。

だが、高揚する私の気持ちとは裏腹に、みんなの反応は一様に薄い。

「……どこが？」

誰かがつぶやいたのを呼び水に、訝《いぶか》しげなどよめきが一斉に巻き起こった。

みんなの反応が信じられず、再び窓越しの戸外を振り返る。

外では木枯らしが寒々と吹き荒《すさ》ぶばかりで、雪など一片たりとも舞ってはいなかった。驚きながらも慌てて釈明したものの、証拠がなければ虚言も同じである。

私の話を信じる者は誰もおらず、頭が呆《ぼ》けて幻覚でも見たのだろうということにされ、大いにこきおろされてしまった。

翌日の午後、算数の授業中に初雪が降った。

クラスの誰かが「初雪だ！」と叫んだのを合図に、弾んだ声が教室に沸きあがった。

だが、昨日すでに初雪を目にしていた私は気後れしてしまい、みんなと一緒になって素直にはしゃぐことができなかった。

夕暮れの上

同じく小学一年生の頃、これも寒い時季の話である。

自宅の近所にある友達の家に遊びに行った帰り道、人気のない田舎道を歩いていると、視界の端にふと違和感を覚えた。

目線を転じた先には、稲刈りが終わって丸裸になった田んぼの姿が、薄赤い夕暮れの中に延々と広がっている。違和感の正体は、そんな田園地帯のはるか遠くにあった。

田んぼの彼方《かなた》にそびえ立つ送電塔のてっぺんに、黒い人影が立っていた。

灰色の鉄骨で四角錐《しかくすい》に組みあげられた、高さ二十メートルほどの送電塔。

人影は鉄骨を足場にして、送電塔の先細って尖《とが》った頂上付近に立っている。

距離がだいぶ離れているうえ、辺りは薄暗くなっているので、仔細《しさい》までは分からない。だが、夕風になびく長い髪の毛のうねりや、腰元でばさばさとはためく衣類の様子から、それが女であるらしいことは分かった。

胸元でも、スカーフのようなものが盛んにひらついているため、身に着けているのは多分、セーラー服だろうと思った。ならば女は、中学生か高校生なのだろう。

あんなところで何をしているのか。

思いながら、しきりに目を凝らして見たが、やはり距離が遠すぎて仔細は分からない。しばらく様子を眺めていても女は微動だにしなかったので、私はやがて痺《しび》れを切らして家路に就いた。

それから時々、女の姿を見かけるようになった。

見かけるのは決まって、友人宅へ遊びに行った帰り道。それも夕暮れ時が多かった。

幼心にも尋常ではない光景だったので、帰宅してから家族に事情を話したことがある。しかし、子供の戯言《たわごと》と思われたのか、真剣に取り合ってもらうことはできなかった。

いつも遊びに行く友人や学校のクラスメイトに話そうと思いながらも、女を見かけて少し経つと印象が薄まってしまい、ついつい口にだすのを忘れてしまう。

女を見かけては話そうと思い、思いながらも失念するが繰り返されて、ひと月ほどが経った頃だと思う。

いつものごとく日暮れ時、友人宅をあとにしていつもの寂しい田舎道を歩いていると、遠くにそびえる送電塔に女の黒い人影が見えた。

すでに何度も見かけているので、もはや大して驚くような光景ではない。

ただ、見かけるとついつい足が止まってしまい、つかのま視線が釘付《くぎづ》けになる。

この日も視界の端に女の姿を認めると自然に足が止まって、女の様子をうかがった。

女はいつものごとく、長い髪と衣服を風にはためかせ、送電塔の上に突っ立っていた。

何者なのだろうと思いはしても、それ以上の感慨は湧いてこない。

ところが、女の姿をひとしきり眺め、視線を戻しかけた時だった。

女の身体がぐらりと前のめりに傾いだかと思うと、そのまま地面に落下した。

思わず「あっ！」と声があがり、血相を変えながら送電塔へ向かって駆けだす。

やがて、息を切らしながらも、半キロ近く離れた送電塔までたどり着いた。

だが、その足元に女の姿はなく、地面に血痕《けっこん》らしきものすら見当たらなかった。

一体、何が起きたのかと思い惑いながら周囲に視線を向けると、送電塔の前に延びるまっすぐな田舎道のはるか彼方に、黒い人影が見えた。

嘘だろうと思いながらも目を凝らして見れば、それはセーラー服を着た髪の長い女の後ろ姿だった。女はとぼとぼとした足取りで夕闇迫る田舎道を歩いていた。

とっさにあとを追って走りだしたものの、どれだけ走っても私と女の距離は縮まらず、追えば追うほど女の姿が小さくなっていくようだった。

そのうちだんだん怖くなってきた私は、女に追いつくことを諦《あきら》め、急いで踵《きびす》を返すとあとはうしろを一切振り返らず、身を震わせながら家路に就いた。

翌日から送電塔の上に女の姿を見かけることはなくなったが、女が何者だったのかは、今になってもまったく分からないままである。

雑木林の顔

季節はよく覚えていないのだけれど、小学二年生の暖かい時季だったと思う。

休日の昼間、我が家から少し離れた場所に住む友人宅へ、自転車で遊びに出かけた。

その道すがら、視界の片側に田んぼと畑、その反対側に雑木林が広がる細い砂利道に差し掛かった時だった。雑木林のほうからふと、妙な気配を感じた。目を向けると雑木林の中に大きな女の顔が浮かび、こちらを見つめて笑っていた。白粉《おしろい》を塗ったように真っ白な肌をしていて、髪は墨で塗り固めたように真っ黒である。周囲の樹々と大きさを比べてみると、女の顔は一メートル近くもありそうだった。

女は微動だにせず、にやにや笑いながら、まばたきだけをぱちぱちと繰り返していた。唖然《あぜん》となりながら見つめていると、女もこちらをじっと見つめたまま、樹々の奥へと吸いこまれるように引っこんでいき、あとはそれきり見えなくなってしまった。

その後のオチもなく、ただこれだけの体験なのだが、女の顔は脳裏に焼きついていて、今でもはっきり思いだすことができる。

お不動さん　紙人形

我が家からほど近い山の麓《ふもと》の森の中に、昔から〝お不動さん〟の名で親しまれている不動明王を祀《まつ》った小さなお堂がある。

お堂の裏手にそびえる巨大な欅《けやき》の根本からは、澄みきった清水がこんこんと湧きだし、霊験あらたかでありがたい水として、地元の住民たちはもちろん、はるばる遠方からも熱心に水を汲《く》みに通う者が多い、私の地元ではよく知られた名所である。

私が小学二年生の夏休み、このお不動さんで子供会主催の肝試しがおこなわれた。

例年は、地元の寺の境内が会場なのだが、この年は墓地の区画整理に伴う改修工事がおこなわれていた関係からか、寺ではなく、お不動さんで催されることになった。

日もすでに暮れきった夜の七時半頃。お不動さんへ続く長い坂道の中腹辺りに広がる空き地にみんなで集合した。

古びた街灯が投げかける脆弱《ぜいじゃく》な光の下、まとめ役のおじさんから簡単なルール説明と注意事項を聞き、肝試し前の定番である怖い話を聞かされた。

ルールは単純明快で、お不動さんまでの片道およそ三百メートルのまっすぐな坂道を数人のグループで上り、お堂の前に置かれた記念品を証拠として持ち帰ってくる。

　中高学年は三人程度。低学年は四、五人程度の大所帯でグループを作る子が多かった。私も仲のよい同級生三人とグループを組み、どきどきしながら順番を待《た》った。

　お不動さんまでの道のりは、途中までは左手に雑木林、右手に畑や溜め池が点在する比較的開けた地形になっている。

　だが、道の後半からは、両端を密生した樹々の壁に挟まれ、好き放題に伸び分かれた枝葉が鬱蒼《うつそう》と重なり合った、さながら天然のトンネルのごとき様相となる。

　道中には人家も街灯もなく、お不動さんのお堂にも明かりのたぐいは一切ない。

　だから、日が暮れ落ちたお不動さんの周辺は、黒一色が支配する真の闇に包まれる。

　こんな場所なので、当然出発をためらう子も多く、殊に女の子同士のグループなどはあまりの怖さに耐えきれず、途中で泣きながら引き返してくることもあった。

　加えてお不動さんからの帰り道、こちらから少し離れた坂道の先では、ゴール間際の子供たちがたびたび大きな悲鳴をあげていた。それを気にしていた友人が、戻ってきた連中に何があったのか尋ねると、道端の草むらに浴衣《ゆかた》姿の上級生が数人身を潜めていて、最後の最後に「わっ！」と出てきて脅かすのだという。

　その後、何組かのグループが無事に証拠を持って戻ってきたり、引き返してくるのを眺めていると、ようやく私たちのグループの番となった。

　懐中電灯が作りだす小さな円い明かりだけを頼りに、暗闇に包まれた不気味な坂道を慎重な足取りで上り始める。

少しでも怖さを紛らわすため、時折冗談を言い合ったり、肩を寄せ合ったりしながら、少しずつ坂道を上っていくと、やがて鬱蒼と生い茂った樹々のトンネルが、懐中電灯の明かりの中にぼおっと浮かびあがるのが見えた。

怖《お》じ怖じしつつも踏みこんだトンネルの中は、懐中電灯の照らす先以外には影も形も、色すら見えない漆黒の世界だった。その闇がもたらす圧倒的な重圧に、思わず身が竦《すく》む。だがこの難所さえ乗りきれば、目指すお不動さんはもうすぐ先だった。

どろどろと身体にまとわりつくような暗闇の粘っこさに底知れぬ不安を感じながらも、怖じ気を震ってなおも懸命に、墨のような闇の黒さに身を浸していく。

そうしてしばらく進んでいくと、やがて懐中電灯の照らす先に、お不動さんのお堂が見えてきた。ようやく安堵《あんど》の息を漏らし、お堂の前へと足早に駆け寄っていく。

お堂正面の朽ちかけた格子扉の向こうからは、真っ赤に燃え盛る迦楼羅炎《かるらえん》を背負った身の丈七十センチほどのお不動さんが、険しい形相で私たちを見おろしていた。

悪いものではないと理解しつつも、暗闇にぼんやりと浮かびあがるお不動さんの姿がなんとも不気味で、ごくりと唾《つば》を呑《の》みこんでしまう。

賽銭《さいせん》箱の前に並べられた証拠品の鉛筆セットをびくつきながら引っ掴《つか》むと、私たちはすかさず踵を返して、元来た道を下り始めた。

あとは坂道をまっすぐ下って戻るだけ。事前情報で最後の最後に上級生が草むらから飛びだしてくることも承知していたので、行きに比べれば帰りはだいぶ、気が楽だった。

少しだけ軽やかになった足取りで、樹々のトンネルの中を下っていく。

ところが、トンネルの半分辺りまで来た時だった。

ふと視界の端に、何かがちらつくのが見えた。

反射的に横手の森の中へ視線を向けると、鬱蒼と樹々が生い茂る暗闇のはるか彼方《かなた》に何か白いものが浮かんで、小さく揺れているのが見えた。

縦長の形をした布か、紙きれのような薄っぺらな物体。

そんな形をした物体が四つ、暗闇の中で横一文字に連なり、暖簾《のれん》のようにはたはたと前後に揺らめきながら、こちらへ音もなく近づいて来ていた。

子供心ながらにも、直感的に「あ、不可能だ」と思った。

坂道の横手に広がる森は、好き放題に枝葉を伸ばした樹々が所狭しと生え並んでいる。

あんな幅広の物体がまっすぐに、さらには音すらたてずに動けるわけがないのだ。

　思いながらじっと目を凝らし、闇の中のそれを見つめ続けているうち、やがて本当におかしいのはそんなことではないと気がつき、とたんに背筋がぞわりと粟立《あわだ》った。

　手前の樹々の一本すらまともに見えないような闇の中、どうしてあの白い物体だけは、遠目にもこれほどまでにはっきり視ることができるのか。

　戸惑うまにも暗闇の中ではためく物体は、こちらへ向かってぐんぐん近づいてくる。

　遠くに見ていた時には暖簾のようだと思っていた横一列の白い連なりは、両手両足を大の字に広げた人間の形をしていた。

たとえるならば、折り畳んだ紙に鋏《はさみ》を入れて開くと、同じ形に切られた紙の端と端がつながったまま横一列に展開する、切り紙細工のような形状である。

その人形の白い連なりが前後にはたはたと揺らめきながら、さらに距離を縮めてくる。

距離が迫って来るにつれ、それらの身の丈が、大人ほどもある巨大なものだと分かる。

頭の部分には紙相撲の力士を彷彿《ほうふつ》させる、黒い髷《まげ》のようなものが貼りついているのが見て取れる。身体と同じく髷も平面的で、夜風に揺られて前後にはためいていた。

続いて視線が、向こうの顔をはっきり捉《とら》えた瞬間、私は「ぎゃっ！」と悲鳴をあげて、真っ暗闇の坂道を無我夢中で駆けおりた。

四体並んだ人形の顔には、やたらと大きな人間の目と鼻、口があった。

それらがまるで、稚拙な合成処理でもされたかのように、白くて薄っぺらい顔の上にぬらぬらと生々しい光を帯びて浮き出ている。

そんな顔をした連中が、こちらを見おろしながら大きな両目をさらにかっと見開いて、真っ白な歯を覗《のぞ》かせた口元を小刻みに動かし、声をださずにけたけたと笑っていた。

一直線に坂道を下っていくと、友人たちも悲鳴をあげながら私のうしろに続いた。

ゴール地点の手前辺りで、お化けに扮《ふん》した上級生たちが草むらから飛びだしてきたが、そんなものなどもはや意にも介さず、全速力でみんなの待つ空き地まで戻った。

街灯の明かりと、周囲で賑《にぎ》わう声とにようやく安堵し、地面にどっかりと腰をおろす。

友人たちも次々と傍らに座りこみ、放心した様子で「怖かったなあ」とつぶやいた。

私も「うん……怖かったな」と相槌《あいづち》を打つ。

それから今しがた、森の中で目撃したものは、一体なんだったんだろうと訊《き》いてみた。

とたんに友人たちは怪訝《けげん》そうな顔になり、「そんなものは見ていない」と答えた。

こちらは愕然《がくぜん》となって、先ほどまでの一部始終をくわしく語って聞かせる。

だがやはり、友人たちは誰ひとりとして、そんなものは見ていないという。帰り道の途中で私が突然、悲鳴をあげて駆けだしたものだから、怖くなってあとを追ったのだと答えるばかりだった。

そんな私たちの話を遠巻きに聞いていた父兄のおじさんが、そっと近くへ寄って来て、独りごちるようにつぶやいたひと言が、今でも強く印象に残っている。

「だから、夜のお不動さんはおっかねえんだよなあ……」

だから、とは一体どんな意味なのか。

その真意は、未《いま》だに分からないままである。

お不動さん　濡れ石

　それからずいぶん月日が経った中学一年生の秋には、こんなことがあった。

　中学時代、私は卓球部に所属していた。

　別に卓球が好きだったわけではない。部活は全生徒強制入部という校則があったため、渋々ながら卓球部に所属していただけの話である。

だから入部からいくらの間も置かず、私は部活をさぼるようになった。

　授業が終わると他の部員に見つからないよう、一目散に学校を逃げだす。

　そのまま帰宅すると家族に見つかり、部活をさぼったことを咎《とが》められるため、部活が終わる適当な時間までどこかに身を隠してやり過ごしていた。

　そんな毎日が日課となっていた、ある日のことである。

　いつも避難場所に使っていた近所の空き地へ行くと、作業服に身を包んだ土木業者とおぼしき一団が、何やら工事をしているところだった。

　行き場を失った私は途方に暮れ、しばらく自転車で地元を当て所《ど》もなくさまよううち、いつしかお不動さんのお堂の前にたどり着いていた。

道中が長い上り坂だということもあり、これまでは敬遠していたのだが、来てみればお堂の周囲は鬱蒼《うっそう》とした樹々に囲まれ、人目に付きづらい。それに日中ならいざ知らず、夕暮れ前のこの時間帯では、水を汲《く》みに来る者も滅多にいない。

薄暗いのだけは少々難点だったが、まずまずの隠れ場だと判じた。

お堂の脇にある大きな石の上に腰をおろし、カバンから文庫本をだして読み耽《ふけ》った。徐々に日も暮れ始め、紙面の判読がつらくなり始めた頃、そろそろいい時間かと思い、読みかけの本を閉じて石から腰をあげた。

とたんに身体がずんと重くなった。

何事かと慌てて身じろぎをした瞬間、全身をぐっしょりと冷たい感触が駆け巡った。着ていたジャージの上下が、まるで川にでも落ちたかのようにたっぷりと水を吸い、重たくなっていたのである。

湧き水の影響で、お不動さんの周辺は水気が多い。初めは湿気で濡《ぬ》れたのかと考えた。だが、つぶさに調べていくにつれ、そんな仮説は一蹴《いっしゅう》されてしまった。

濡れているのは、あくまでジャージの上下だけ。

髪の毛はおろか、カバンも、その中身も、履いていた運動靴も。

さらには最前まで読んでいた文庫本さえも、まったく濡れていなかった。

結局、どう考えても原因は分からず、次第に恐ろしくなってきた私は、逃げるようにお不動さんから退散し、濡れたジャージの重みに慄《おのの》きながら家路に就いた。

お不動さん　禁忌の鯉

同じく中学二年生の夏休みには、こんなこともあった。

当時の私の趣味は、熱帯魚の飼育だった。狭い自室には、大小様々なサイズの水槽が所狭しと並び、さながら小さな水族館といった風情だった。

お盆も過ぎ、夏休みもそろそろ終わりそうな頃である。

手持ちの水槽の一本で伝染病が発生し、中で飼っていた魚が全滅してしまった。

空のままにしておくのももったいないので、川魚でも捕まえて飼おうと考えた私は、当時小学六年生だった弟を誘って魚捕りに出かけた。

場所は、自宅の裏手にある田んぼの用水路。真夏の強い日差しが、肌を焦がすように照りつける炎天下、さっそく捕獲網を突っこみ、魚捕りに興じた。

だが、結果は惨憺《さんたん》たるもので、時折、アメリカザリガニや田螺《たにし》が引っ掛かる以外にはさしたる収獲もなく、肝心要《かなめ》の川魚はいくら掬《すく》えど、網に掛かることはなかった。

その後、別の用水路や小川、溜《た》め池なども回ってみたが、結果は変わらず。

目当ての川魚どころか、メダカの一匹すらも網には掛からず、ひどい猛暑と相俟《あいま》ってそのうち息切れを起こし、気づけば全身汗みずくになっていた。

　どうしたものかと思って地べたに座りこみ、弟と作戦会議のようなことをしていると、果たしてどちらの口から先に出たものか、「お不動さんに鯉がいる」という話が出た。

　お不動さんのお堂の前には、湧き出る清水が小さな滝となって流れ落ちる池があり、地元の有志が寄贈したとおぼしき錦鯉《にしきごい》が泳いでいた。

　どうしてあんな馬鹿なことを思いついたのか。今振り返れば猛省することしきりだが、この時、私たちはほぼ即断で「じゃあ、鯉を捕まえに行こう」という結論に達した。

　ふたりで自転車を押しつつ長い坂道を上り、鬱蒼と生い茂った樹々のトンネルを抜け、お不動さんへと至る。

　池は、お堂の前の一段下がった草地の中にある。

　湿気を孕《はら》んだ夏草や青苔《あおごけ》にまみれた土手を飛び降り、冷たく澄んだ水面を覗きこむと、池の中には色鮮やかな錦鯉が何匹も悠々と泳いでいた。

　小さく浅い池なので捕まえるのはたやすかった。私は水槽のサイズを思い浮かべつつ、比較的小ぶりなサイズの錦鯉を一匹、網の中に入れた。

　ぐずぐずしていると、水を汲みに来た誰かに見られる恐れがあった。手早くバケツに鯉を移して自転車のハンドルに引っかけると、急いでお不動さんをあとにした。

　帰りの道中、運よく誰にも見咎められず、なんとか無事に帰宅すると、今度は家人に見つからないよう、バケツを抱えて自室へ戻る。

　ところが、いざ空になった水槽に鯉を投入したところ、予想外の事態が起きた。

池の上から眺めた鯉と、水槽に入れた鯉とでは、そのサイズにかなりの誤差があった。私の目測に反し、鯉は水槽の容積に比べて明らかに大きかった。

　まともに旋回することすらおぼつかず、まるで茶碗《ちゃわん》に入れた金魚のような姿を見れば、誰が見ても「この水槽では飼えない」と理解できる。

　さらに冷静に考えれば、この鯉は地元で古くから信奉されている、あのお不動さんの池の鯉である。もしも盗んだことが発覚すれば、おそらく私たちが想像している以上に厄介な事態になるだろうと思った。

　今さらながら、自分の下した決断の愚かさをほとほと後悔する羽目になる。

　だが、そうは思えど、これからもう一度、お不動さんまで鯉を返しに行くというのもリスクが高過ぎる気がした。途中で誰かの目に留まり、鯉を盗んだことがバレれば最後。間違いなく、「厄介な事態」が始まってしまう。

　さらには最悪の場合、その悪事は私の両親も聞き及ぶところとなる。仮にそうなればどのような叱責《しっせき》を受けることになるのか、想像しただけで身の竦《すく》む思いがした。

　元の場所へと返すべきか、それともこのまま無理にでも飼い続けるべきか。

　しばらく逡巡《しゅんじゅん》したのち、私は再び、本当にどうしようもなく愚かな決断を下した。

　鯉を煮て食ったのである。

　弟とふたり、家に誰もいないのを見計らって台所へ行き、まな板の上に鯉を載せると、不慣れな包丁さばきでひと思いに鯉の頭を落とした。

ぶつ切りにした身は、熱湯を張った鍋《なべ》へぶちこみ、味噌《みそ》を加えてぐらぐらと煮こんだ。鯉の料理法などまったく知らなかったため、たまに母が作る鯉こくを再現するよう努め、一応、形だけはそれらしいものに仕立ててあげた。

できあがった鯉こくもどきを鍋ごと持って、再び自室へ戻り、さっそく椀《わん》に取り分け、口に運んでみる。だが、味は予想していた以上にひどいものだった。

どうやら内臓を掻《か》きだす際に胆嚢《たんのう》を潰《つぶ》してしまったらしく、実も汁も凄《すさ》まじい苦味を伴って、とても食べられた代物ではない。

鯉には悪いと思いながらも、私たちは不味《まず》い鯉こくもどきを台所の生ゴミ入れに捨て、今日の一件は全て、ふたりだけの秘密ということにした。

これでお咎めなし。なんとか丸く収まったと安心し、何食わぬ顔でその日は過ごした。

翌朝、目が覚めると部屋じゅうの魚が全て死んでいた。

どの水槽からも白い湯気が濛々《もうもう》と立ち昇り、天井は湿気を吸って水滴が滴《したた》っていた。

慌てて布団から飛び起き、狼狽《ろうばい》しながら水槽の中を覗《のぞ》きこむ。

魚たちはいずれも真っ白に変色して煮えており、身が崩れてばらばらになっていたり、ぱんぱんに膨らんで水面に浮かんでいたり、内臓を吐きだして水底に転がっていたりと、阿鼻叫喚《あびきょうかん》の地獄絵図を繰り広げていた。

外側のガラスに触れてみると、火傷《やけど》しそうなほど熱かった。

水槽内に設置された水温計を確認すると、計測できる最高温度を振り切っていた。

一瞬、水温を調節するヒーターのサーモスタットが故障したのかと考えた。

だが、水槽一本ならまだしも、全部で十本以上もある水槽のサーモスタットが一斉に故障するなど、現実的に考えてまずあり得ないことだった。

それでも絶対に何か原因があるはずだと、水槽を一本一本、丹念に調べ始めたのだが、まもなく大きな矛盾に気がついて、私はその場に呆然《ぼうぜん》と立ち尽くしてしまった。

今は真夏のため、水槽にヒーターなど一本も入れていないのである。

それでようやくこれは「罰」なのだと、理解した。

昨日の鯉への仕打ちを思いだし、涙が一筋、頬を伝った。

大事に可愛がってきた愛魚たちの見るも無残な姿に、ぼろぼろと大粒の涙がこぼれた。

心底反省した私はその後、ただちにお不動さんへ謝罪に向かった。

愛魚の命と引き換えに許してもらえたのか、その後は特になんのお咎《とが》めもなかった。

長じてのち

振り返ってみるに、幼い頃から妙なものを目にしたり、体験してばかりの人生だった。

こうした奇怪な体験と遭遇は、その後の人生においても絶えることなく続いていった。

斯様《かよう》に特異な体質だったことばかりが動機ではないのだが、様々なる紆余曲折《うよきょくせつ》を経て二〇〇三年の初夏、私は拝み屋という仕事を始めることになった。

先祖供養を始め、交通安全や安産祈願、病気祓《ばら》いといった加持祈禱《かじきとう》。他にも時として、魔祓いや憑《つ》き物落としなどをおこなうのが、拝み屋の主なる仕事である。

東北地方では比較的よく知られた生業《なりわい》とはいえ、世間一般から見れば、特異で奇矯な仕事であることに変わりはない。

始めた当初はどれだけ務まるものかと多大な不安を抱いていたのだが、ふと気づけば、開業からすでに十五年近い月日が経とうとしている。

楽しいことよりもつらいことのほうが多い仕事ながら、どうにか続けられているのは、天職とまではいかないまでも、少なからずこの仕事が向いていたからなのだろうと思う。

だが、選んだ仕事が仕事である。拝み屋を始めてからの私の人生は、ますます怪異が身近なものへと変じていった。

お不動さん　調伏

閑話休題。私とお不動さんにまつわる話は、他にもまだある。

中学時代の怪異から、二十年近くの月日が過ぎたのち。

東日本大震災から半年ほど経った二〇一一年九月の初めから、件《くだん》の話はさらに続く。

長じた私は結婚を機に、それまで暮らしていた実家を離れ、果たしてなんの因果か、お不動さんからほど近い、山の麓《ふもと》の借家へ居を移すことになった。

先の住人が引き払って以来、十年以上も借り手がつかず、長らく空き家となっていたこの家をたまさか私の父が知っていて、格安で借りられる運びとなったのだ。

家は地元の小学校の裏手に延びる、緩やかな上り坂の中ほどにある。

坂の入口付近にはそれなりの戸数の民家が並んでいるが、上るに従い鬱蒼《うっそう》と生い茂る樹々と草々の緑に呑《の》まれるようにして、家並みは次第にまばらになって、途絶えていく。

私が借りることになった家は、そんな家並みの途絶えた先にぽつりと一軒寂しく佇《たたず》む、周囲を緑の森に囲まれた、築四十年ほどの古びた平屋建ての一軒家である。

契約前に一度、下見に訪れたが、同年、あれほど大きな地震があったにもかかわらず、家は内外ともにほぼ無傷の状態を保っていた。

よほど地盤が丈夫なのか、それとも家の造り自体が堅牢《けんろう》なのか。半年前に未曾有《みぞう》の大震災を体験させられた身としては、〝揺れに強い家〟というのはそれだけで魅力的な物件だった。立地に多少の不満こそあれ、結局破格の家賃と合わせ、頑丈さが最大の決め手となり、私たちはこの家を借り受けることに決めた。

この当時、私は三十二歳。拝み屋を生業とし始めて、すでに八年目を迎えた頃だった。妻の真弓《まゆみ》は二十六歳。およそ二年間の交際期間を経て、私たちは結ばれた。

引越しが完了した夕暮れ時。あらかた荷物の整理を終わらせると、私は車の助手席に真弓を乗せ、自宅の前に延びる坂道をさらに上へ上へと上っていった。

子供時代に何度も怪異に見舞われ、恐怖に駆られた印象が生々しく、お不動さんにはもうずいぶんと長い間、ほとんど足を運んでいなかった。

しかしこれから長い間、この地に住まわせてもらう手前、不敬な態度はよろしくない。挨拶《あいさつ》に伺うのは当然の礼儀と心得、訪ねることにしたのだった。

お堂正面の湿った格子扉の向こうからは、背中に赤々と燃え盛る迦楼羅炎《かるらえん》を背負った身の丈七十センチほどのお不動さんが、険しい形相で私たちを見おろしていた。

今日から夫婦ともども、お世話になります。何卒《なにとぞ》、よろしくお願いいたします——。

そんな気持ちをこめ、しばしふたりで粛々とお不動さんに手を合わせた。

引越しから一週間ほどが過ぎた、ある日のこと。

荷《に》解《ほど》きも一段落し、新しい生活にも少しずつ慣れ始めた頃、最初の異変は起こった。

夕方、仕事が終わり茶の間でくつろいでいると、尿意を催したのでトイレに立った。

新居は居間から出ると、家の奥へと向かって左側に廊下が曲がる造りになっている。

曲がり角の右側は台所。左側に曲がると廊下のまんなかにトイレと風呂《ふろ》場《ば》。

さらに廊下の奥の突き当たりには六畳敷きの和室があり、真弓が私室に使っていた。

廊下の角を左に曲がり、トイレのドアを開けようとすると、私室のドアが開いていて、

部屋の入口辺りに真弓がこちらを向いて座っているのが目に入った。

「どうした？」と声をかけると、真弓はにこりと笑ってうなずいた。

とたんに私のうしろで「じゃーっ！」と、油の弾《はじ》ける音が聞こえた。

驚いて振り返り、台所へ行ってみると、ガスコンロの前で真弓が天ぷらを揚げている。

わけが分からず再び私室を振り返ってみると、真弓の姿は影も形もなくなっていた。

さらに二日後の深夜。

仕事部屋で御札を書いていると、廊下に面した雪見障子のガラス越しに人影が見えた。

視線を向けると真っ暗な廊下に真弓が座って、こちらを黙ってじっと見つめている。

具合でも悪いのかと思い、声をかけながら立ちあがって障子を開けると姿がない。

慌てて寝室へ行ってみたところ、真弓は寝息をたてて熟睡していた。

それから数日後の昼下がり。

午後の来客を待ちながら、仕事部屋で飼い猫のペルを膝《ひざ》に乗せ、休んでいた。
座椅子に背中を預けて休んでいたのだが、約束の時間までにはまだだいぶ余裕がある。
真弓と一緒にテレビでも観ようかと思い、ペルを抱えて茶の間へ向かった。
茶の間の障子戸を開けると、真弓がペルを抱いてテレビを観ていた。
唖然《あぜん》としながら、視線を自分の腕へと落とす。
今の今まで腕の中に抱いていたはずのペルは、跡形もなく消え失《う》せていた。
怪訝《けげん》な顔をした真弓に「どうしたの?」と尋ねられたが、こんな仕事をしている手前、
引越したばかりの家で新妻を怖がらせるのもどうかと思った。

適当に言葉を濁し、ごまかすことにした。

それから二週間が過ぎた頃、真弓が実家の用事で、二日ほど家を空けることになった。
午後の相談が終わり、来客を見送った直後、静まり返った家の中に人の気配を感じた。
気配をたどって茶の間のほうへ視線を向けると、真弓が座卓のいつもの定位置に座り、
ペルを抱いてこちらを黙って見つめていた。

驚きつつも声をかけるなり、ペルが真弓の腕をすり抜け、私の足元へ擦り寄ってきた。
ペルを抱きあげて顔をあげると、真弓の姿はもうどこにもなかった。

真弓が帰ってきてまもなく、今度は実家の母が、千葉県に住む親類の家に用事ができ、三日ほど留守にすることになった。

母が出かけた翌日の夕方頃。茶の間で仕事の整理をしていると、家の門口に見慣れた母の車が入ってきた。

茶の間の窓から車を眺めつつ、もう帰ってきたのかと首を捻《ひね》る。

玄関前に停まった車から降りてきたのは、紛れもなく私の母だった。

私が玄関口に行くのとほぼ同時に、がらりと玄関戸を開け、母が中へと入ってきた。

「ずいぶん早かったんだね。千葉はどうだった？」

声をかけると、母は私の顔を無言で見つめ、一瞬呆《ほう》けたような顔を見せた。

と、次の瞬間、母が両目をかっと見開き、続いて口をばかりと開いた。

「あっ……あっ、あっ、あっ、あっ、あああぁぁぁぁぁぁぁぁっ！」

母は何かに驚いたかのような叫びをあげたかと思うと、そのまま一歩うしろへさがり、ぴしゃりと玄関戸を閉め、戸外へ消えた。

何事かと思い、慌てて玄関戸を開き直す。

だが、外には母の姿はおろか、車すらも見当たらない。

すぐに母へ連絡を入れてみたが、今も千葉の親類宅にいて、特に変わりはないという。

　こんな薄気味の悪い出来事が、わずかひと月ほどの間に何度も起きた。

　曲がりなりにも拝み屋などという商売を営む立場である。こうした場合、本来ならば早々に原因を究明し、それなりの対応に当たるのが、本職としての筋だと思う。

だが、この件に関してはどちらかといえば〝本職の観察欲〟というか、露骨に言えば単なる好奇心のほうこそが、私の心中で勝ってしまった。

　確かにあまり気持ちのよい現象とはいえないが、これほどの短期間にあれやこれやと分かりやすい怪異が頻発して起きるのは、なかなか興味深いことだと感じた。

　加えて幸か不幸か、ひどく驚かされることはあっても、それ以上は特にこれといった実害は発生していない。こうした事実も、私の好奇心に更なる拍車をかけてしまった。

　改まって拝めば、何かしら原因が分かるのかもしれない。

　だが、今のところ〝向こう〟はこうして積極的に仕掛けてきてくれている。

　根性が悪いのは、向こうもこちらもお互い様である。

　万が一、事態が深刻化するようなことがあれば、その時は然《しか》るべき対応をすればよい。

敢《あ》えてこちら側から手をださずとも、しばらく好きにさせておけば、自《おの》ずとあちら側が勝手に答えをだして、そのうち自然と事態が落ち着いてくれるかもしれない。

　そんなことを思い、このまましばらく黙って経過を見守ることにした。

　ところが、そんな私の腹積もりを〝向こう〟が察してしまったからなのか、その後は怪異の様相が一変してしまった。

引越しからひと月以上が過ぎた、十月半ばの深夜二時過ぎ。

寝室で真弓と床を並べて眠っていると、突然「ばああぁぁぁぁぁーん！」と凄《すさ》まじい轟音《ごうおん》が、家じゅうにけたたましく鳴り響いた。

どうやら、廊下の突き当たりにある真弓の私室のドアが開いた音らしい。

仰天しながら、ふたりで飛び起きた瞬間だった。

どん！　どん！　どん！　どん！　どん！

廊下の床板を、何者かが力任せに踏み拉《しだ》くような音が等間隔に弾けた。

音は真弓の私室から廊下の角を曲がり、そのまま玄関先まで駆け抜けていった。

寝室に使っている中座敷の障子を開け、慌てて外へと飛びだしてみたが、誰もいない。

辺りは水を打ったようにしんと静まり返っていた。

踵《きびす》を返し、真弓の私室を見に行くと、閉めていたはずのドアが開け放たれていた。

寝室へ戻ると、真弓が半ば放心状態になって、「今の何……？」と尋ねてきた。

顔からはすっかり血の気が失せ、紙のようになっている。

今しがたの大音響と真弓の顔色を鑑《かんが》みて、これ以上は限界だな、と感じ取った。

この家に越してきて以来、これまでに起こった全ての出来事を打ち明けることにした。

拝み屋などと好き好んで一緒になるほどの人だから、真弓はこうした話題に関しては理解も耐性もあるほうだとは思う。

ただし、その矛先が自分の身にも直接降りかかるものとなれば、話は別である。

怪異に自ら好き好んで身を委《ゆだ》ねるほど、私の妻は奇矯な人格ではない。

引越し以来、家で何が起きているのかを知っておきながら、それらを〝観察〟と称し、これまでだらだらと放置してきたのである。さぞかし非難されることだろう。

歯切れの悪い告白をぼつりぼつりと吐き連ねながら、私は半ば覚悟していた。

だが、私の予想に反して、真弓の口から出てきたのは、思いもしないひと言だった。

「そういうの、わたしも何度か見たことがあるよ」

実は真弓も引越し以来、私と同じような体験をしたことがあるのだという。

最初は引越してからまだまもない、九月半ばのことだった。

昼間、庭先で洗濯物を干していると、廊下の掃き出し窓の向こうに私がいた。

私は何をするでもなく、廊下の上にただ突っ立って、真弓の顔を見ながら笑っている。

「どうしたの？」と、窓へ近づいたところへ、私の運転する車が門口から入ってきた。

それでそういえばさっき、私が煙草を買いに出かけたことを思いだす。

再び廊下のほうへ視線を向けると、もうひとりの私は姿を消していたという。

さらに十月の初め頃。

夕方、台所で晩御飯の支度をしていると、ペルが真弓の足にじゃれて絡みついてきた。

その場にしゃがみこんで頭を撫《な》でていると、視界の端に気配を感じる。

視線を向けたテーブルの下では、香箱座りになったペルが、真弓の顔を見あげていた。

真弓の両手は、まだペルの頭と背に載っていて、さわさわとした毛の感触もある。

テーブルの下のペルからゆっくり目を離し、自分の手のほうへ視線を向ける。

とたんに感触が掻《か》き消え、ペルを撫でる形のまま、両手が空に留《とど》まっていた。

　こんなことが二度ばかりあったのだという。

自分の勘違いかもしれないし、口にだしてしまうと余計に怖くなりそうだった。

だから今まで言いだせずにいたのだと、真弓は粟立《あわだ》った腕を擦《さす》りながら訥々《とつとつ》と答えた。

引越し以来、ひと月半。真弓のそぶりに特段変わった様子は見られなかった。

一連の怪異は、自分だけに起こるものだと思っていた私には、まさに寝耳に水だった。

妻にまで累が及んでいるのなら、仕方あるまい。一計を案じた私は、真弓に少しだけ待っているように告げると、玄関を飛びだして車に乗りこみ、坂道を上り始めた。

　ほとんど直感的に、お不動さんにお願いしてみようと考えたのである。

おこがましい願いなのかもしれないが、この地で起こる人智を超えた問題であるなら、まずはこの地を護《まも》るお不動さんにお願いするのが筋だと感じたゆえの判断だった。

両脇を鬱蒼《うっそう》とした樹々の絶壁に遮られ、街灯ひとつない真っ暗な坂道を上っていくと、ほどなくしてヘッドライトの灯火に古びたお堂が浮かびあがった。

　車を降りると急ぎ足でお堂の前へ向かい、黙々と手を合わせる。

——私の家で尋常ならざる事態が発生しております。どうか、ご助力ください。

拝み終えて顔をあげると、眩《まばゆ》い灯火を浴びたお不動さんが、御身の端々に幽々とした陰影を拵《こしら》え、格子戸越しの暗闇から身震いするような形相で私を睨《にら》み据えていた。果たして、届いたか否か。これで駄目なら、あとは自力で対応していくしかない。腹を括《くく》り、再び漆黒の闇に包まれた坂道を大急ぎで下り始める。

トンネルのように繁茂した樹々の間の細道を突っきり、お堂の前の森を抜ける。

それからさらに坂道を少し下った頃である。不意に前方の道端に人影が見えてきた。見慣れたピンク色のパジャマ姿で、すぐにそれが真弓だと分かる。

否。正確には真弓ではなく、真弓の形をした何かだと分かった。

街灯のひとつすらなく、一寸先も見えないほど暗く染まった坂道を、明かりも持たずこちらへ向かってまっすぐに歩いてくる女。そんな者が、私の妻であるはずがない。

少しだけ速度を落とし、注意深くゆっくりと、それの前へと近づいていく。

ヘッドライトの明かりに女の輪郭が浮かびあがったとたん、思わず悲鳴があがった。

常人よりも一回りほど大きな頭。その大きな頭部には、左右の丈が滅《め》茶《ちゃ》苦《く》茶《ちゃ》に伸びた髪の毛が揺れていた。片側は腹の辺りまで、もう片側は耳の上辺りまで伸びている。

左目は眼窩《がんか》の周りが落ち窪《くぼ》み、顔の半分が陥没したような面相となり、対して右目は小さく、黒目がない。鼻は軟骨が押し潰《つぶ》されたように平たく、剝《む》きだしになった鼻穴が、林檎《りんご》の種を思わせた。

唇は腫《は》れあがったように分厚く、下唇は右さがりに垂れ落ちて斜めに傾いている。

大きな頭を酩酊《めいてい》したかのようにぐらぐらと左右に揺らしながら、それは暗闇の坂道をゆっくりとした足取りで、私のほうへと向かって歩いてきていた。

身体のバランスもおかしく、右腕の先が地面に擦《こす》れそうなほど、異様に長い。

歩き姿から見て、おそらく脚の関節の位置も違う。

部品のひとつひとつは真弓の形を模しているのだが、真弓ではない。

そもそも人ですらもない。

顔を含め、身体全体が蕩《とろ》けて、留めていた原型が崩れる寸前のようにも見える。

車は〝真弓を模した何か〟に向かって距離を縮め、まもなく真横を通り過ぎた。

車がすれ違うほんのつかのま、私とそれの目が合った。

崩れて滅茶苦茶な顔の中にも、ある種の憎悪の相が滲《にじ》んでいるのが見て取れた。

ミラー越しに後方を見ると、それも踵を返して、うしろをとぼとぼとついてきていた。

構わず家の門口を抜けて車を停め、そのまま飛びこむようにして家の中へと入る。

寝室へ戻り、怯《おび》える真弓へ今しがた、お不動さんへ行ってお願いしてきたことだけは伝えたが、帰り道のくだりは全て伏せた。

未《いま》だ不安そうな表情を見せる真弓をどうにか寝かしつけ、私も床に就いた。

万が一、あれが家に入ってきた時のことを考え、いつでも迎え撃てるように警戒した。

だが、結局その後は何の音沙汰《おとさた》もなく、私もうとうとするうち、やがて眠ってしまった。

翌朝、玄関戸を開けると、眼前の踏み石の上で狸が一匹、横倒しに伸びて死んでいた。艶《つや》と水気が抜け落ちた焦げ茶色のばさついた体毛に、灰色がかった毛がところどころ、白髪のように交じった、柴犬《しばけん》ほどの大きさもある、でっぷりとした体軀《たいく》の古狸だった。顔全体に大きな瘤《こぶ》がぼこぼこといくつも隆起しており、歪《いびつ》になって腫れ膨れた面相は、どことなく人の顔のように見えなくもない。

狸はきつく目を閉じ結んだまま、口から泡を噴いて絶命していた。

ああ、こいつだったのか。

お不動さんが動いたのだと、直感した。

昨夜の蕩けたような真弓の容姿は、もうすでに今際《いまわ》の際であったからか。

ならばあの憎々しげな形相は、余計な告げ口をした私への抗議だったのかもしれない。

ひとまずほっとするが、同時に悪いことをしてしまったな、と胸が少し痛んだ。

昨夜は怯える真弓を案じてとっさの判断に出たものの、振り返ってみればこの古狸は私たちを化かしこそすれ、直接的な危害を加えたことなど一度もなかったのだから。

もちろん、私の家へ訪れる相談客に手をだしたことなどもない。

化かすのは決まって私と真弓、すなわちこの家に住む者だけだった。

この辺りの「主」だったのだろうか。

あるいは、人影の途絶えて久しかったこの家に、何か馴染《なじ》みがあったのかもしれない。

縄張りを荒らされたとでも思ったのだろうか。

それともちょっと悪戯《いたずら》でもして、私たちをからかってやろうと思ったのだろうか。

それでもお不動さんが斯様《かよう》な裁きを下したのだから、やはりこいつは……。

なんとも複雑な思いに駆られ、しばらくその場にしゃがみ、狸の亡骸《なきがら》を眺め続けた。

背後で「きゃっ！」と声がしたので振り返ると、真弓が目を丸くして立っていた。

「もう大丈夫だ。これで何も起こらない」

物置からスコップを持ちだすと、私は前庭の片隅に穴を掘って狸を埋めた。

事実、その日を境に、我が家で一連の怪異が起こることはなくなった。

その後、しばらく経ったある日のこと。

地元の古道具屋を覗《のぞ》いた折、ぶんぶく茶釜《ちゃがま》の置物が目に留まった。

四つん這《ば》いの姿勢で右前足を招き猫のようにくるりと丸め、首を傾げて愛らしく笑う、小振りなサイズの可愛らしい狸だった。

大して高いものではなかったので、なんとなく買って家に連れて帰ることにした。

きっと、あの狸が生まれ変わって戻ってきたのだと思うようにして、仕事場に飾った。

ところが狸を買ったその日から、仕事がぷつりと途切れてしまった。

仮に予約が入っても、当日に突然キャンセルの連絡が入ったり、度重なる延期の末に最後は音信不通になってしまったりと、とにかくまるで仕事が成立しない。

どうしたものやらと悩みながら仕事場の整理をしていたところ、件《くだん》のぶんぶく茶釜の背中に、細長い穴が開いていることに偶然気がついた。

長さ四センチほどのその穴は、どう見ても硬貨を差し入れる穴である。

なるほど。こいつは貯金箱だったのかと得心し、財布に入っていた小銭を投下した。

翌日、久しぶりに仕事が入った。

ご利益でもあったかと思い、感謝の気持ちで再び狸に小銭を投下した。

すると翌日も仕事の予約が入った。

ありがたいし、面白くもあったので、また小銭を狸に差し入れた。

その後は順調に仕事の依頼が増え続け、以前よりも忙しくなるほどだった。

仕事が入るたび、狸にはその都度、小銭を入れるようにしていた。

ところがある日、また仕事がぷつりと途切れてしまった。

忙しさにかまけて狸に小銭を入れていなかったことをはたと思いだす。

慌てて狸に小銭を入れると、また仕事の依頼が舞いこんできた。

今でもうっかり小銭を入れ忘れると、確実に仕事が途切れる。

結局私は、未《いま》だに化かされているのかもしれない。

お不動さん　着彩

私自身とお不動さんの怪異にまつわる大筋は以上である。

だが、自宅兼仕事場がお不動さんに近いということもあって、その後も折に触れては奇妙な話を聞かされている。

狸の件から一年近くが経った二〇一二年の夏場には、こんなことがあった。

日中、居間でテレビを観ていると、真弓が座卓の上に広げたコピー用紙を睨《にら》みながら、「うーん……」とため息混じりのうなり声をあげた。

「どうしたのか」と尋ねると、「何枚描いても、上手《うま》く描けない」と答えた。

真弓は昔から趣味でイラストを描くのが好きで、時間が空いている時は居間の座卓で黙々と作業に没頭していることが多かった。

私自身も拝み屋を開業する前はイラストレーターになりたくて、美術系の専門学校を卒業していた。一応、基礎的な知識と技術はあるので、真弓が作業で行き詰った時には、何かと助言を求められることが多かった。

この日、真弓は猫の絵を描いていたのだが、大まかな構図が決まって下絵を描いても、猫と背景のバランスがちぐはぐになってしまい、何枚も描き直しを繰り返していた。

失敗した下絵を見たところ、おそらく遠近法が上手くいっていないのだろうと感じた。

センスの問題というよりは技術的な問題なので、要領を教えれば改善できるはずである。

ただ、下絵を何枚も失敗した真弓は、気分的に落ちこんでもいた。

絵は技術と技法を用いて描きあげていくものだが、それは物理的な側面での話である。

これに加えて「絵を描きあげたい」という前向きな気持ちとモチベーションがなければ、仮に形は整えられても、作者が満足する絵に仕上げるのは難しくなる。

技術を口頭でドライに説くよりは、実践がてら、気分を変えたほうがよろしかろうと判じた私は、「そういう時は外に出て、いろいろスケッチしてみるのがいい」と答えた。

真弓も妙案だと感じたらしく、すぐに外へ出かける支度を始めた。

お不動さんに行って、森の景色を描いてくるという。

愛用のスケッチブックとペンケースを抱え、真弓は出かけていった。

それから一時間ほどして、真弓が帰ってきた。

ところが速足で居間へと入ってきた真弓の顔は、血の気が引いて蒼《あお》ざめていた。

「ねえ、これ見て」

座卓の定位置へ崩れるように座りこむなり、真弓はスケッチブックを開いてみせた。

白い紙の上には、お不動さんのお堂を正面から捉《とら》えた様子が鉛筆で描かれている。

ただ、お堂の中に小さく見えるお不動さんの顔だけが、薄い青色に染まっていた。

真弓の説明によれば、お不動さんに到着後、周囲に広がる森の風景を三枚ほど描いた。その後、単調な風景の描写に少し飽きてきたので、お堂の様子を描き始めた。

絵は順調に描き進められたのだが、八割ほど描いたところで全体を見直してみると、いつのまにかお不動さんの顔だけが、薄い青色に染まっていたのだという。

「絵の具なんか持っていってないんだよ。青いペンも持っていってないし……」

ペンケースを開いて見せながら、すっかり怯《おび》えた顔で真弓が言った。

まるで水彩絵の具で着彩されたかのような、淡い青に滲《にじ》んだお不動さんの顔を一頻《ひとしき》り眺めてみたが、原因はおろか、真弓を安心させられる言葉も浮かんでこなかった。

仕方なく、「描かせてもらったお礼をしよう」と提案し、露骨なまでに嫌がる真弓をどうにか連れて、お不動さんへ参じることにした。

その後、真弓にも私の身にも、特に変わったことは起こらなかったが、この一件以来、真弓は二度とお不動さんへスケッチに出かけることはなくなってしまった。

お不動さん　迷道

真弓の件から二年後、二〇一四年の夏場には、こんなこともあった。

その日は午後から我が家に、若い夫婦の相談客が訪れていた。

相談が終わった帰り際、「この辺でいい水が湧いているところを知りませんか？」と尋ねられたので、お不動さんの場所を教えた。

「さっそく行ってきます」というふたりを玄関先まで見送り、仕事場に戻った。

それから三十分ほどして、ふたりの車が戻ってきた。

「いいところだったでしょう？」と尋ねると、「見つかりませんでした」と返された。

ふたりの話によれば、我が家を出たあと、私が教えたとおりに車で坂道を上っていき、ほどなく見えてきた森の入口に入った。

だがその後は、頭上に樹々の枝葉が深々と生い茂る薄暗い小道が延々と続くばかりで、いくら進めどお堂は見つからない。

結局、十分近く走ってもお堂にたどり着く気配がないため、道を間違えたのだと思い、引き返してきたのだという。

森の行き止まりに位置するお不動さんを見落とすこと自体、そもそも妙な話なのだが、それ以上にお不動さんまではどれだけゆっくり走ろうと、十分もかかる距離ではない。

　ましてや森の中まで入ったというなら、なおさらである。

　便宜上、お不動さんは森の行き止まりにある、としているが、厳密にはそうではない。お堂の前にはさらに上へと続く坂道があって、山の上まで道が続いている。

　その昔は、小学校の遠足行事などで使われていた道なのだが、現在はそうした行事もなくなったため、道は荒れ放題となり、ほとんど獣道と化している。

　ふたりの話を聞き、初めはお不動さんを見落として、山道に入りこんだのかと思った。だが、よくよく思い返してみると、この山道は上り始めてまもなく道幅が狭くなり始め、二十メートルも進んだ頃には、人間ひとりがようやく歩けるほどの狭さになってしまう。だから、車で十分近くも上り続けていくことなど、絶対に不可能なのである。

　どうにも腑《ふ》に落ちなかったので、「道案内しましょう」と、ふたりの車に乗りこんだ。

　自宅の門口を出て坂道を上ると、一分ほどで森の入口が見えてきた。

　そのまま樹々のトンネルの中へ車が入りこんでまもなく、薄暗く陰った小道の前方にお不動さんの古びたお堂が見えてきた。

「ここですよ。あったでしょう？」

　言いながら振り向くと、若い夫婦は呆《ほう》けた顔をして固まっていた。

　さっきはこんな場所はなかったと、ふたりとも声を大にして答える。

「それならお不動さんを見落として、あの道に入ったんじゃないんですか？」

通行は無理だと分かっていても一応、お堂の前に延びた山道をふたりに指し示す。

ところが細い山道は、その入口に太いロープが張られ、がっしりと塞《ふさ》がれていた。

「あんなところには入ってません……」

ふたりは今にも泣きだしそうな顔で訴えた。

ああ、やっぱりここには何かあるのだな――。

かつて、得体の知れない紙人形と遭遇した薄暗い森と、ジャージを濡《ぬ》らした大きな石。

錦鯉《にしきごい》を捕まえた池。

そして、真弓の顔とお不動さんの絵の顔を蒼ざめさせた、古びたお堂。

長い時を超えても変わらず残る静謐《せいひつ》な光景をひとわたり、しばらくぶりにじっくりと眺めながら、私は心の中で静かに独りごちた。

蔵の中　壱

そこからさらに大きく時が流れた、四年後の二〇一八年一月六日。現在。

私は独り、漆黒に染めあげられた暗闇の中にいた。

肌身を突き刺すように鋭い寒気と、異様なまでの静けさに支配された暗黒に身を投じ、そろそろ二時間が過ぎようとしている。

目の前には年季の入った達磨《だるま》ストーブが置かれ、橙色《だいだいいろ》の小さな炎をゆらめかせている。傍らには持参した懐中電灯を置いていたが、今は明かりはつけていない。

周囲に広がる闇の様子に注意を払いながらも、目の前に置かれた達磨ストーブが灯《とも》す薄明るい光を見つめ、私は怪異にまつわる昔の話を、心の向くまま思いだしていた。

怪を語れば怪至る。

『伽婢子《おとぎぼうこ》』に綴《つづ》られている同名の一篇と同じ原理で、私はこの暗闇の中、自ら意図して怪異を引き起こすつもりだった。

古《いにしえ》の言い伝えに則《のっと》れば、怪しき語りの積み重ねは、本物の怪を呼び寄せるのだという。目の前に聴き手となる者はいないながらも、頭の内側で怪しい独り語りを続けていれば、そのうちかならず〝それ〟は姿を現すだろうと考えていた。

この世ならざる怪しきものや魔性を打ち祓《はら》い、退けるのが務めであるはずの拝み屋が、なぜにこんなことをしているのか。

無論、歴《れっき》とした経緯と事情があってのことである。

のっぺりとした暗黒に半ば呑《の》まれるようにして私が鎮座しているのは、蔵だった。

否。厳密には蔵ではないのだが、関係者たちからは長年「蔵」と呼ばれ、蔵の役割を務めてきた建物である。

この蔵には昔から、得体の知れない何かが出るのだという。

目撃した者は複数存在するが、その正体がなんであるのかは、誰も分からないという。

ただ、目撃した者は〝それ〟について一様に「恐ろしかった」と語っている。

この世ならざる怪しきものや魔性を打ち祓う拝み屋として、私はこの「蔵」に現れる怪異の真相を究明し、解決するため、今日の日暮れ過ぎからこの蔵に閉じ籠《こも》っている。

当初の予定ではこんなことをするつもりはなかったのだが、事の具合を鑑《かんが》みた結果と、突発的な思いつきで、私はこの蔵に閉じ籠ることにした。

ここに至るまでどんな経緯があって事態を鑑み、私はこんな手段を選んだのか。

冷静な対応を続けていくためにも、今一度、流れを俯瞰《ふかん》し直してもいいかもしれない。

怪異にまつわる話からつかのま、意識を離し、今に至るまでの記憶を思い返していく。

年の初めに　陰

事の発端はおそらく五日前。元日の朝に見た夢なのではないかと思う。

夢なので仔細《しさい》までは覚えていないが、それはこんな夢だった。

私は自宅の仕事場で、とても懐かしい女性と対面していた。

名を日村《ひむら》ほのかさんという。

彼女はふたりの娘を持つ心優しい母親だったが、二〇一四年の初夏に膵臓《すいぞう》癌が発覚し、それからわずか三月たらずでこの世を去っている。

享年三十六。

残されたふたりの娘は当時、小学五年生と小学二年生だった。

日村家は、ほのかさんと同い年の夫、利明《としあき》さんを含めた四人家族で暮らしていた。

夫婦関係も含め、家族仲はこれ以上ないというほどに良好で、ほのかさんが在りし頃、日村家は絵に描いたように穏やかで幸せな雰囲気の一家だった。

だからこそ、ほのかさんに突然訪れた運命は、本人にとっても、見送ることになった家族にとっても、思いがけない悲しい別れになってしまった。

私と日村家は対人関係の相談がきっかけで、二〇一二年から仕事を通じた付き合いが始まっている。だが、病気で亡くなってしまったほのかさんとは、たかだか二年ほどの短い付き合いで終わっていた。

夢の中では、そのほのかさんが、仕事場のまんなかに置いた座卓を挟んだ対面《トイメン》に座り、私に何かを語りかけている。

何を語りかけているのかは分からない。相談ごとを打ち明けているのかもしれないし、単なる世間話なのかもしれないし、あるいは年始の挨拶《あいさつ》なのかもしれない。

しかし、言葉を紡ぐほのかさんの顔には終始、緩やかな笑みが浮かんでいた。

私は彼女の笑顔に懐かしさを覚え、素直な気持ちで久々の再会を喜んでいる。

ただそれだけの夢を見て、元日の朝を迎えたのだが、話はさらに続く。

その日の午後、真弓が「初売りに行きたい」と言いだしたので、昼食を済ませたあと、隣町にあるショッピングモールへ出かけた。

ふたりで店内を歩いていると、フロアの前方に長い行列ができているのが目に入った。列の傍らに立つ案内板には、ピンク色の大きな丸文字で「新春福引」と記されている。年末セールで受け取ったレシートを持参すれば、福引ができるらしい。

財布を見ると折よくレシートが入っていた。真弓が目を輝かせ、「並ぼうよ」と言う。特に急ぐ予定もないので、ふたりで並ぶことにした。

ところが並び始めてまもなく、行列は思っていたよりもはるかに長いことが分かった。列の端々に案内板はいくつも立っていたが、肝心要《かなめ》な福引所が視認できない。真弓に頼んで列を離れ、先頭に向かって歩いていったところ、列は何度も折れ曲がり、店内じゅうの通路にジグザグ模様を描きながら延々と続いていた。

さんざん歩いた末にようやく見つけた福引所は、目算で私たちが並んでいた場所から百メートル以上も離れた距離にあった。

真弓の許《もと》へ戻り、状況を説明したうえで「どうする？」と尋ねたが、真弓は少しの間、思案したあと、「やっぱり並ぶ」と答えた。

まいったなと思いながらも、真弓の判断にしたがうことにする。

それから一時間ほど並んだ。列の動きは麻酔を打たれた蛇のごとく鈍重で、一時間でせいぜい二十メートルも進んだかどうかといったところだった。

うんざりしながら店内を眺めていると、前方を行き交う人ごみに妙な違和感を覚えた。まもなく違和感の正体が視線だということに気づき、こちらも視線を巡らせる。

私から五メートルほど離れた先に女性が立って、私を見つめていた。白いセーターに薄いピンクのコートを羽織ったその女性は、周囲を行き交う人ごみに姿をちらつかせながら、私を見つめて柔和な笑みを浮かべている。よく見るとそれは、ほのかさんだった。気がつくなり、思わずはっとなって身を乗りだす。

だが、前方を通り過ぎていく人々の影に彼女の姿は隠され、再び視界が開けた時には、その姿はすっかり見えなくなっていた。

他人の空似かと思いかけているところへ、隣に立っていた真弓が口を開いた。

「ねえ、今のほのかさんだったよね？」

真弓も人ごみの中にほのかさんの姿を見たのだという。

やはりこちらを見つめながら微笑んでいたと、真弓は言った。

真弓も見ていることだし、女性がふいに姿を消さず、どこかへ歩き去っていくのを確認していれば、彼女は生身の人間で、他人の空似と割りきったと思う。

だが、こういう流れになってしまうと、やはり彼女は亡くなったほのかさんだったと思わざるを得なくなってしまった。

まあ、そうだとしても彼女は微笑んでいた。何か不幸な問題があるとは思えなかった。彼女はきっと、向こうで幸せに暮らしているのだと思う。

「新年の挨拶にでも来てくれたのかな？」と真弓に語りかけると、真弓も「うん！」と微笑んだので、あとはそれっきり何も言わず、私たちは再び、いつ終わるとも知れない福引の順番待ちに話題と意識を集中させた。

並んで待ち続けること、実に二時間余り。

ほとんど執念じみた思いで福引に漕《こ》ぎつけ、残念賞のポケットティッシュを手にして帰宅したのは、夕方近くのことだった。

立ちっぱなしで疲れた足腰を休ませるため、居間のコタツに潜って寝そべっていると、携帯電話が鳴った。

相手はなんと、利明さんだった。

正月に利明さんが電話をしてくることなど、初めてのことだった。今朝がた見た夢とショッピングセンターでの一件を振り返り、あれは先触れだったのかと考える。

「明けましておめでとうございます。今年もよろしくお願いいたします」

明るい調子で新年の挨拶を述べた利明さんの声に私も声を弾ませ、挨拶を返す。

「年明けだっていうのに、不躾《ぶしつけ》なお願いで大変申しわけないんですが、実は折り入ってご相談したいことがありまして。近いうちに予約を取ることはできますか？」

互いの近況報告をひとしきり交わし終えたあと、利明さんは遠慮がちな言葉ながらも、どことなく焦りと不安を滲《にじ》ませた声色で尋ねてきた。

「構いませんけど、どうしたんですか？」

尋ね返した私に利明さんは一拍置いて、「上の娘がお化けを見たんです」と答えた。

話によれば、つい数時間ほど前の昼さがり、中学二年生になる長女の柚子香《ゆずか》ちゃんが、親類宅の蔵で得体の知れない何かを見たのだという。話を聞いた親類宅は大騒ぎとなり、本人も怯《おび》えているので話を聞いてもらいたいという。

利明さんからこうしたお化け絡みの依頼を頼まれるのも、これが初めてのことだった。

再びほのかさんの顔が脳裏をよぎり、同時に得体の知れない不安も湧いてくる。

折悪く翌日と翌々日は、春祈禱《きとう》の依頼で予約が埋まっていた。予定が空くのは四日の午後以降である。予定を変えるわけにもいかず、じれったい気持ちになってくる。

利明さんが語るには、お化けを見たという柚子香ちゃんは、大層怯えてはいるものの、今のところ体調も含め、これといった異常は見られないという。

とはいえ私としては、先んじて邂逅《かいこう》したほのかさんの件もあるため、気がかりだった。

すぐに予定を擦り合わせ、四日の午後に我が家の仕事場で話を聞くことになった。

そして三日後の一月四日、午後一時。利明さんが我が家にやってきた。

今回の件の当事者である柚子香ちゃん本人と、小学五年生になる次女の凛香《りんか》ちゃん、そして、ほのかさんの父親である秀樹《ひでき》さんも一緒だった。

挨拶もそこそこに四人を仕事場へ通し、さっそくくわしい事情を尋ねてみる。

「まずは本題に入る前に、親類宅の説明から始めたほうが分かりやすいかと思うんです。柚子香がお化けを見た家というのは時津《ときつ》家といって、実は義父の実家なんですよ」

仕事場の座卓を挟んで話し始めた利明さんの言葉に、隣に座る秀樹さんがうなずいた。

秀樹さんの説明によると、時津家は秀樹さんの実家であると同時に、本家でもあった。県南の田舎町に土地を構える、かれこれ二十代以上も続く旧家なのだという。

「先代は、私の長兄に当たる兄貴。今現在は、兄貴の息子が家督を務めているんですが、兄貴自身もまだ健在で、息子夫婦と一緒に暮らしています」

時津家の家族は現在、秀樹さんの長兄に当たる宗樹《むねき》さん、家督息子である義之《よしゆき》さんと奥さんの功子《いさこ》さん、そして夫婦の一人娘に当たる大学生の梨沙《りさ》さんが暮らしている。傍から見る限り、一家の暮らしは順調で、家族の中で特にこれといって大きな怪我や病気を患った者もいない。平素は静かで安泰な暮らしをしている家とのことだった。

秀樹さんの説明を聞いて、まずは「なるほどな」と思う。

時津家が二十代以上も続く旧家という説明から、初めは家系や土地の因縁にまつわる厄介な問題が飛びだすのではないかと身構えていたのだが、どうやら違うらしい。

実際のところ、格別に込み入った因縁や背景などなくても、長年暮らしている自宅や親類宅で怪しいものと出くわしたり、異様な気配を感じたという話は、依頼主の口からざらに聞く。そうした場合の体験というのは一回きりか、せいぜい一過性の体験として、特にこれといって不穏な尾を引かずに終息するのが大半だった。

ためしにそれとなく、利明さんの隣に座る柚子香ちゃんの様子を観察してみたのだが、先日、利明さんが電話で説明していたとおり、顔つきが緊張で少々強張《こわば》っている以外は、特に異常は見受けられなかった。

何かがとり憑《つ》いているということもなさそうである。

とはいえ、まずは彼女が件《くだん》の時津家でどんなお化けを目撃し、どんな体験をしたのか。それを聞かないことには、確かな答えは返せない。

「ずいぶん怖い思いをしたんだろうし、本当は口にするのも怖いことかもしれないけど、よかったらどんな体験をしたのか、聞かせてもらえない？」

なるべく穏やかな調子で柚子香ちゃんに語りかけると、柚子香ちゃんは伏し目がちにこちらを見つめ、それから小さな声で「はい」と答えた。

利明さんと秀樹さんに細かな補足をしてもらいつつ、柚子香ちゃんは語り始めた。

蔵の怪 陰

昨年の暮れ、柚子香ちゃんを含む日村家の三人は、秀樹さんの家で年越しを過ごした。ほのかさんの母に当たる秀樹さんの妻は、ほのかさんが幼い頃に病気で他界しており、ほのかさんが利明さんと結婚してからは、実家に秀樹さんが独りで暮らしていた。ほのかさんが在世の頃、日村家は正月に秀樹さんを自宅に招いて、新年会を催すのが恒例になっていた。しかし、四年前にほのかさんが亡くなってからは、秀樹さん自身が高齢になってきた事情も手伝い、代わりに日村家の面々が大晦日《おおみそか》に秀樹さんの許《もと》を訪ね、一晩泊まって年明けを祝うようになった。

秀樹さんの家でささやかな宴《うたげ》を催した翌日の一月一日。

その日は秀樹さん宅を辞去したあと、今度は利明さんの実家へ行く予定だったのだが、その前に秀樹さんを時津家まで送っていくことになった。

例年、秀樹さんは元日に時津家を訪ねることはないのだが、今年は秀樹さんの長兄の宗樹さんが年の瀬に知人から新巻鮭を送ってもらったそうで、せっかくだからみんなで三平汁でも食べようと誘われていた。

時津家は、秀樹さんの家から車で二十分ほどの距離にあり、利明さんの実家へ向かう、ちょうど道すがらにあった。ありがたい誘いでもあったので、日村家の面々も時津家で昼食をいただいてから実家へ向かうことになった。

利明さんは過去に何度か時津家を訪ねたことがあるが、柚子香ちゃんと凜香ちゃんは今回が初めてだった。

不慣れな親類宅の訪問に、初めはふたりとも緊張していたが、ほどなく時津家の孫娘、梨沙さんと打ち解けたのをきっかけに、砕けた笑みを見せるようになった。

振舞われた三平汁をいただいたあと、大人たちは居間の炬燵《こたつ》を囲んで談笑を始めた。

一方、柚子香ちゃんと凜香ちゃんは、なんとなく暇を持て余してしまう。

そこへ梨沙さんが、「ヒマそうだったら庭でも見にいこっか？」と誘ってくれた。

ふたりは喜んでうなずき、外へ出た。

広々とした時津家の庭には立派に育った大きな松や椿、沈丁花《じんちょうげ》、木蓮《もくれん》、皐月《さつき》といった数えきれないほどの庭木が綺麗《きれい》な姿に整えられて並び立っている。

庭木や庭造りの知識などふたりにはなかったけれど、梨沙さんに案内されて庭の中を歩き始めると、豪華な日本旅館の庭園に迷いこんだかのような趣きを感じて胸が躍った。

玄関側から母屋を一周する形で庭の中を歩き続けていると、やがて裏庭に至った。

梨沙さんに案内されるまま、柚子香ちゃんが周囲の景色に視線を巡らせていたところ、裏庭に生える庭木の向こうに、何やら大きな建物が建っているのが目に入った。

「あれ、なんですか？」と尋ねると、「あれは蔵だよ」と梨沙さんが答えた。

「蔵ですか。テレビとか映画で見たことはありますけど、本物を見るのは初めてです。うちにはないし、お祖父《じい》ちゃんの家にもないから」

　庭木の合間から見える大きな蔵を眺めながら、柚子香ちゃんが感嘆の声をあげる。

「よかったら行ってみる？　ついでに中も見せてあげるよ」

笑いながら尋ねてきた梨沙さんの言葉に、柚子香ちゃんも笑みを浮かべてうなずいた。

まもなく母屋から鍵《かぎ》を取りにいった梨沙さんが戻ってきて、蔵の前へと進んでいった。間近で眺める時津家の蔵は、柚子香ちゃんがこれまで見てきたどの蔵よりも、はるかに大きなものだった。

　蔵の正面を塞《ふさ》ぐいかにも分厚そうな鉄扉の鍵穴に、梨沙さんが鍵を差しこんで回すと、扉は重たく低い音をたてながらゆっくりと開いた。

　中は真っ暗だったが、梨沙さんが先に入って電気をつけてくれた。それでもまだ少し怖かったけれど、「おいでよ」と促されるまま、中へと足を踏みこんでいく。

　扉を抜けた蔵の内部は、柚子香ちゃんが予想していたよりもがらんとしていた。目の前にはくすんだ板張りの床が広がり、壁際の一画には、古びた自在棚や食器箪笥《だんす》、鏡台などの家具が隙間なく並べられている。

　他の壁際には、大小様々なサイズと形をした木箱や段ボール箱が整然と積みあげられ、こちらも隙間なくびっしりと並べられていた。

荷物がたくさん収められているので、確かに蔵の機能を果たしているとは思うのだが、柚子香ちゃんがイメージしていた蔵のそれとは、だいぶかけ離れたものがあった。「蔵の中」と言えばもっと薄暗くて、不気味な置物や骨董《こっとう》品などに雑然と埋め尽くされ、至るところに怖くて不穏なムードが漂っている。そういうものだと思っていた。

それに対してこの蔵は、内装こそ古ぼけているものの、天井からぶらさがる蛍光灯は丸形の二灯式で明るかったし、綺麗に並べられた荷物の中に不気味な置物や骨董品など、ひとつも存在していなかった。加えて足場もそれなりに広い。

蔵というよりはまるで、引越すために荷物をまとめあげた家の中にいるようだと思う。

そんな気持ちで周囲に視線を流していると、壁の片隅に引き戸があるのを見つけた。

「奥のほうも見てみる？」

柚子香ちゃんの視線に気づいた梨沙さんが言った。

奥もあるんだ、と思っているうちに梨沙さんが引き戸を開けて再び促す。

引き戸の向こうには、薄暗い廊下が延びていた。引き戸を開けたこちら側の部屋から漏れる明かりで目の前はよく見えたけれど、奥のほうは真っ暗で何も見えなかった。

廊下に足を踏み入れた梨沙さんが壁際のスイッチを押すと、天井から吊《つ》りさげられた裸電球が三つ、一斉に灯《とも》った。今度は電気をつけてもそんなに明るくはならない。

裸電球の灯す薄明かりに照らされた廊下の両脇には、古びて色褪《いろあ》せた襖《ふすま》や木製の戸が、何枚も並んでいた。まるで大きな屋敷の中にいるような雰囲気だった。

「ここね、昔は蔵じゃなくて、古い母屋だったんだよ」

そこへ梨沙さんが、まさに柚子香ちゃんの思い抱いていたとおりの答えをだした。

元々は戦前に建てられた古い家なのだそうだが、戦後に現在の母屋が建てられる際に取り壊されず、蔵として改築されたのだという。

どうりで大きすぎるし、自分の中にあった蔵のイメージと違いすぎるわけだと思った。

それに加えて、目の前の薄闇に延びるたくさんの戸が並ぶ廊下の雰囲気は、テレビや映画で見てきた不気味な蔵の雰囲気とは、まったく異質の不気味さを湛《たた》えてもいた。

火の気のない蔵の中は、凍てつくように肌寒く、立っているだけでかじかんでくるが、背筋のほうには寒気よりむしろ、得体の知れない悪寒のようなものを感じてしまう。

傍らに立つ凛香ちゃんを見ると、わずかに強張った表情で廊下の先を見つめていた。

「ねえ、怖くなった？　怖いんだったらもう出ようか？」

「別に怖くないし。お姉ちゃんこそ、本当は自分のほうが怖いんじゃないの？」

にやけ面をこしらえながら声をかけると、すかさず鋭い声で返された。

そこへ梨沙さんが、「どうする？」と尋ねてきた。

実のところ、妹の指摘は図星だったのだが、努めて顔にはださないようにしていた。

内心ではこのまま逃げだしたかったものの、妹に「怖がり」とからかわれるのも癪《しゃく》で、勢い任せに「行きます！」と答えてしまった。

「言っちゃった」と後悔しながら、廊下を歩きだした梨沙さんのうしろをついていく。

梨沙さんは廊下を進みながら、両側に立つ戸を次々と開いて中を見せていった。入口に面した最初の部屋とは違い、廊下に並んだ各部屋の内部は、いずれも真っ暗で黴臭《かびくさ》く、雑多な荷物や家財道具がひしめき合っていた。

柚子香ちゃんが「蔵のイメージ」として抱いていた、大きな木彫りの仏像や鷲《わし》の剝製《はくせい》、埃《ほこり》まみれの額縁に入った肖像画など、不気味な品々もたくさん視界に飛びこんできた。

「中に入る？」と尋ねられたが、これはさすがに断った。どの部屋も一応電気はつくと説明されても、気味が悪くて入りたくなかった。

怖《お》じ気《け》と緊張感にびくつきながらも、顔には決してださないように耐え続けていると、ようやく廊下のいちばん奥まで至り、最後の部屋も見終わった。

梨沙さんの「大体こんな感じかな」の言葉を合図に、今度は廊下を引き返していく。小さく安堵《あんど》の吐息を漏らしながら、再び梨沙さんのあとを追い、廊下の半分辺りまで戻ってきた時だった。

背後にふと、妙な気配を感じた。

反射的に振り返ると、廊下のいちばん奥に誰かが突っ立っているのが目に入った。

「え」と思った瞬間、得体の知れないそれは、弓で射られたかのような凄《すさ》まじい勢いで、こちらへ向かって一直線に近づいてきた。

悲鳴をあげるより早く、たちまちそれが目と鼻の先まで顔を迫らせ、柚子香ちゃんの視界一面が、それの顔でいっぱいになった。

そこから先の記憶はまったくない。

続く記憶は、それから五分ほどが経った頃、梨沙さんと凜香ちゃんに両肩を支えられ、涙で顔をぐしゃぐしゃにしながら母屋へ戻る帰り道からだった。

わけが分からず、梨沙さんの顔に目を向けると、顔色がすっかり蒼《あお》ざめていた。凜香ちゃんのほうはすすり泣きしながら、自分の肩を支えて歩いている。

柚子香ちゃん自身もおどおどしながら、「何があったんですか……？」と尋ねてみた。

梨沙さんの説明によれば、蔵の廊下を引き返す途中、柚子香ちゃんが急に悲鳴をあげ、床の上に倒れこんだのだという。

幸いにも意識は失っていなかったものの、大声で泣きわめきながら手足をばたつかせ、梨沙さんと凜香ちゃんの言葉にも応答がなかった。仕方なく、ふたりで身体を起こして引きずりながら蔵を抜けだすことにした。

蔵から出る頃には、だいぶ様子が落ち着いてきたのだが、今度はぐったりした様子で、こちらの呼びかけには相変わらず応答がなく、正気に戻ったのはつい今しがただという。

「お姉ちゃん、暴れながら『ごめんなさい！　ごめんなさい！』って言ってたよ」

凜香ちゃんが語るには、蔵の中で錯乱している最中、柚子香ちゃんは繰り返しずっと、「ごめんなさい！」と泣き叫んでいたらしい。だが、これもまったく覚えていなかった。

代わりに記憶が途切れる直前、何かに襲われたことは覚えていた。

ただこれも、自分が何かに襲われたのを覚えているだけで、その「何か」については、仔細《しさい》はおろか、薄《う》っすらとした印象すらも思いだすことができなかった。

「わたし、お化けを見たみたい……」

ためらいながらも話してみたが、梨沙さんと凜香ちゃんは何も見てはいなかった。

梨沙さんのほうはさらに、蔵にお化けが出るなんて初めてのことだと答えた。

そんな話は小さい頃から、一度も聞いたことがないという。

それから三人は、それぞれの家族にこの話をすべきかどうか、つかのま話し合ったが、どうにもすっきりしなかったし、何より気味が悪かったので、蔵の中で起こったことをありのままに伝えることにした。

その結果、元日を迎えたばかりの時津家に意想外の騒ぎが起こってしまう。

蔵の怪　陽

件《くだん》の蔵で何かを見たという柚子香ちゃんの容態にその後、特に異変が見られないのは、先日聞いたとおりである。それは時津家の家族も同じだという。

ならば何が問題なのだろうと思った。

柚子香ちゃんを安心させるため、お祓《はら》いでもしてほしいということだろうか。

あるいは柚子香ちゃんではなく、蔵そのものをお祓いしてほしいとか？

思っていたところへ、秀樹さんがおもむろに口を開いた。

「私もあの家で生まれ育った身ですから、蔵のことは小《ち》っちゃい頃から知っていますし、中にも何度も入っていますが、お化けなんて一度も見たことはないんです」

「ただね」と間を置き、さらに続いた秀樹さんの言葉に、私は一瞬耳を疑ってしまう。

「私の兄貴。時津家で隠居をしている先代の宗樹と、今の家督をしている息子の義之は、見たことがあるっていうんです。小っちゃい頃に蔵の中で恐ろしいもんを」

なるほど。

ならば柚子香ちゃんを見舞った蔵の怪異は、一過性のものではなかったというわけだ。再びほのかさんの顔が脳裏にちらつき、厭《いや》な予感が顕在化し始める。

先刻の話でも少し触れられていたとおり、件の蔵は元々、明治時代の末期に時津家の母屋として建てられたものだという。

母屋は太平洋戦争を跨《また》いで五十年近くも、時津家の住まいとして務め続けてきた。それが「巨大な蔵」へと姿を変えることになったのは、戦後から十年近くが経過した、昭和二十年代末。秀樹さんの父親が家督を務めていた頃のことである。

その当時、現在の母屋が建っている土地は、大根畑と野原が広がる他家の土地だった。この土地を時津家が買い取り、元の敷地とつなげる形で整地している。

それからまもなく、老朽化の進んだ母屋の代わりに今の母屋が建てられているのだが、実はこの時、古い母屋のほうは取り壊される予定だった。

ところが新しい母屋を建築中、敷地の一角にあった当時の蔵が火事で全焼してしまう。一時は同じ場所に蔵を建て直すという話も出たらしいのだが、新しい母屋から蔵までの距離はなかなか遠く、利便性はあまりよくなさそうに感じられた。

そこに新しい蔵として白羽の矢が立ったのが、解体される予定の古い母屋だった。新しい母屋に比べれば、造りは一回りほど小さいとはいえ、曲がりなりにも時津家の本拠として建てられた屋敷である。蔵へと改築するには、あまりにも大きな造りだった。

しかし、建築予算を勘定してみれば、ゼロから新たな蔵を建て直すよりも、こちらを改築したほうがはるかに少ない予算で済むことが分かった。

奇矯な判断ではあったものの、こうして古い母屋は蔵として改築される運びとなった。

蔵への改築に伴い、家の窓は一枚残らず壁で塞《ふさ》がれた。内部も水回りが撤去された他、全ての部屋の畳が剝《は》がされ、全面板張りに改められた。

　こうして昭和二十年代の末、五十年近く時津家の母屋として使われ続けてきた建物は、時津家の巨大な蔵として生まれ変わり、その後、幾度かの改修工事と補修工事がなされ、今現在の姿に至る。

「私が物心ついた時分には、もうすでに母屋は蔵になっていたんですが、今とは違って電気も一切通ってなくてね。代わりに元は居間やら座敷だった部屋の天井近くの壁際に、明かり取りの穴が開いているんですが、大して明るいもんじゃないし、昼間に入ってもぞっとするようなところでしたよ」

　大仰に顔をしかめながら秀樹さんが言ったが、秀樹さん自身はこの蔵でお化けなんか見たことは一度もないという。

　だが、秀樹さんの兄である宗樹さんは見ている。

　古い母屋が蔵として改築されて数年が経った、昭和三十年代初め。

　宗樹さんが九歳か十歳の時だったという。

　この時、宗樹さんは、悪いことをしたおしおきとして蔵の中に閉じこめられている。

　近所にある時津家の分家で飼育していた鶏小屋から卵を根こそぎ盗み、あろうことかその卵を道行く野良犬や野良猫にぶつけて楽しんだのである。

ほどなく卵泥棒が発覚した宗樹さんは、父親からこっぴどい説教と折檻《せっかん》を受けたのち、蔵の中へ閉じこめられることになった。

まだ明るい時刻だったものの、前述のとおり、蔵の内部は昼でも不気味な暗さである。無論、蔵の扉は固く閉ざされ、押しても引いてもびくともしない。

静かに反省していればそのうちだしてもらえるものを、宗樹さんは耐えきれなくなり、やがて他の出口を求めて、蔵の内部を探り始めた。

廊下を渡って各部屋に入り、しばらくあれやこれやと悪あがきをしていた時だった。

ふいに背筋へぞくりとした悪寒が生じ、背後に厭な気配を感じた。

はっとなって振り返ると、目の前に何かの顔があって、宗樹さんは悲鳴をあげた。

そこで宗樹さんも記憶がふつりと途切れてしまうのだが、再び続く記憶は、それから二時間近くも経った夕暮れ時のことだった。

大の字になって伸びていた宗樹さんを蔵の中に入ってきた父親が発見し、頰を張って目を覚まさせたのである。

宗樹さんもこの時、「お化けを見た！」と必死で訴えたのだが、息子が反省もせずに昼寝をしていたと思った父親は、「バカ野郎！」と叫んで拳骨《げんこつ》を喰《く》らわせた。

そして同じくこの時、宗樹さんも「お化けを見た！」とは言ったものの、自分が一体何を見たのかは、一切思いだすことができなかったのだという。

それから二十年以上の歳月が過ぎた、昭和五十年代の中頃。

今度は長じて時津家の家督になった宗樹さんの息子、義之さんがそれを見る。

義之さんが十歳の時だったそうである。

この際にも義之さんは、悪いことをしたおしおきとして蔵の中に閉じこめられている。

近所の友人宅へ遊びに行った際、彼が持っているテレビゲームのソフトを懐に入れて持ち帰ったのである。

まもなく窃盗の事実が発覚した義之さんは、宗樹さんからたっぷり説教を受けたのち、蔵の中へ閉じこめられることになった。

この頃は蔵の内部に今と同じく、電気が通されていたのだが、宗樹さんは義之さんを蔵へ閉じこめる際にブレーカーを落として、昔の暗くて不気味な状況を再現した。

義之さんは、生まれて初めて受ける「蔵の刑」に初めのうちはびくついていたのだが、ほどなく時間が経つにつれ、怖さはしだいに薄まっていった。

大人しくしていれば、そのうち解放してもらえるのだろうし、父からしつこく説教を受け続けるよりは、よほどマシだと思う。反省するよりむしろ、友人がソフトを素直に貸してくれさえすれば、こんなことにならずに済んだと思い、無性に腹も立ってきた。

むかむかしつつ、扉から少し離れた床の上に寝そべり始めて、しばらくした頃だった。

ふいに背筋へ悪寒が生じ、背後に妙な気配を感じた。

なんだと思って振り返ると、目の前に何かの顔があって、義之さんは悲鳴をあげた。

やはりそこで義之さんも、記憶がふつりと途切れてしまう。続く記憶は、宗樹さんに抱きあげられ、大泣きしながら蔵から運びだされるところからだった。

得体の知れない何かを見てから、おそらく十分も経たない頃だろうという。

蔵の中から、尋常ではないほどの大声で泣き叫ぶ義之さんの声を気にした宗樹さんが、半狂乱になっていた義之さんを中から強引に連れだしたのだった。

何があったのかと訊《き》かれた義之さんも、「お化けを見た！」と答えた。

しかし、やはり義之さんも自分が何を見たのかは、一切思いだすことができなかった。

加えて、事情を聞いた宗樹さんには「お化けなんかこの世にいるわけないだろ！」と呆《あき》れ返られる始末だった。

蔵に閉じこめられて、まだ一時間も経っていなかったのだが、「それだけおっかない思いをすればもう十分だろう」という宗樹さんの判断で、義之さんは解放されている。

「まあ、ざっとこんな話なんですが、なんだか妙な感じはしませんか？」

ひとしきり話し終えた秀樹さんが少しだけ身を乗りだし、神妙そうな顔で尋ねてきた。

妙な点なら確かにあった。

宗樹さんと義之さん、親子二代にわたってほとんど同じ体験をしている点はもちろん、さらには柚子香ちゃんまで同様の体験をしている点。

以上の点から、蔵の中には「得体の知れない何か」がいるのは確実だろうというのに、蔵ができてから七十年近くもの間、彼ら三人以外に同じ体験をした者がいないという点。話を聞けば、今現在における時津家の家族を始め、秀樹さんを含む過去の家族たちは、蔵の雰囲気を多少薄気味悪いとは感ずれど、他には別に怖い体験をしたり、妙な気配を感じたりすることさえないのだという。

いわゆる「霊感」のあるなしが、「蔵の怪」を体験する条件なのかとも考えたのだが、これも話を聞いてみると、三人の体験者はいずれもそうした感覚とはほとんど縁がない。

一体何が「蔵の怪」を体験する条件になったのか。

加えて蔵の中に現れる「何か」の正体とはなんなのか。

考えれば考えるほど、どれもこれもが妙な点だらけだった。

差し当たって思いついた感想を秀樹さんに伝えてみる。秀樹さんは大層律儀な様子で私の言葉に聞き入ってくれたのだが、まもなく話が終わると、ひどく思いつめた様子で、とんでもないことを証言した。

「兄貴と義之の話、私は元日に初めて聞かされたんです。それまでは一度もこんな話は聞かされたことがありません。どうしてだって思います？　ふたりとも、柚子香が蔵で何かを見たって話を聞くまで、自分自身の体験をすっかり忘れていたからですよ」

まさかと思って秀樹さんの顔を見つめたが、無言でうなずかれただけだった。

たちまち頭が混乱してくる。

　たとえば、それがあまりにも恐ろしすぎる体験だったがゆえ、宗樹さんも義之さんも無意識のうちに記憶を心の奥にしまいこんでしまったとか、あるいはまったくその逆で、喉元《のどもと》過ぎれば大して強烈な体験でもなかったため、自然と忘れてしまったのだろうとか、そんなことをひとしきり、考えてはみた。だがどうにも、しっくりこない。

　双方のどちらか一方が忘れてしまっているだけならまだしも、こんな印象的な体験を綺《き》麗《れい》さっぱり忘れてしまえるものだろうかと思う。やはりどうにも、しっくりこない。

　幼い時分、自分が恐ろしい思いをした蔵の中に、当時の自分と変わらぬ状況で息子を蔵に閉じこめる際、何も思いだすことのなかった宗樹さんにしっくりこない。

　さらには、息子も同じ怪異に見舞われてさえもなお、何も思いださない宗樹さんにはもっとしっくりこない。

　聞けば、今回の柚子香ちゃんの一件で当時の記憶を思いだした宗樹さんと義之さんは、ひどく蒼《あお》ざめてしまい、蔵に近づくことさえ厭《いや》になって怯《おび》えているという。

　思いだせばそんなに取り乱してしまうことなのに、どうして彼らはこの何十年もの間、一度もそれを思いだすことなく、平然と蔵に出入りすることができていたのか。

　事象の先に怪異の存在があると、やはり何かがあると思わざるを得なかった。

「なるほど。概要はよく分かりました。私にはどういった対応をご希望でしょうか？」

　座卓の向かいに座る利明さんと秀樹さんに尋ねるなり、ふたりはほとんど声を揃えて、

「蔵のお祓《はら》いと、できれば原因究明をお願いしたいんです」と答えた。

ほら来なすった。やはりこういう流れになってしまったか。

だが、薄々覚悟はしていたので、もはや大して動じることもなかった。

ほのかさんと柚子香ちゃんか。

またぞろ、母と娘が関わる依頼が来てしまったなと思った。

人生とは、つくづく合縁奇縁の連続で成り立っているものである。

いいことも、悪いことも。おそらく何もかも引っくるめて、全部。

実は一昨年《おととし》の二〇一六年秋口にも、私は昔の依頼主だった女性と、彼女の娘に関する仕事を手掛けている。長年の拝み屋稼業の中でも、ずば抜けて厄介な案件だった。

だが、あの大きな災禍を乗り越えた今では、素直に思うこともできる。

信じてまっすぐ立ち向かえば、どんな災禍もかならず乗り越えることができる。

「きっといいことだよ」と、心の中で妙な声が聞こえたような気もした。

ならば一層、答えに迷うことはなかろう。これも素直な気持ちで答えればいい。

「分かりました。できうる限りの対応をしてみます」

ただちに予定を擦り合わせ、私は蔵の怪異の解決を手掛けることになった。

幽魂の蔵　至

それから二日後。一月六日の昼過ぎ。

約束どおり、私は県南の田舎町に居を構える時津家に向かった。

立派な生垣に囲まれた門口を抜けると、目の前には二日前、話で聞いていたとおりの広々とした庭園と、大きな屋敷が建っていた。

車の音を聞いて玄関から出てきた利明さんに先導されて、前庭の一角に車を停める。

「さて、いよいよ始めるとしますか」

冗談めかして話しかけると、利明さんは苦笑しながら「お願いします」と答えた。

その前に母屋の中へとあげてもらい、時津家の一家に挨拶《あいさつ》をした。

十二畳敷きの広い居間には、宗樹さんと義之さん夫婦、梨沙さん、そして秀樹さんと柚子香ちゃん、凜香ちゃん。時津家と日村家の一同が勢揃いしていた。

仕事に取り掛かる前にもう一度、当事者自身の口からおさらいをと思い、宗樹さんと義之さん、そして柚子香ちゃんから蔵の怪異について事情を聞いた。

あらましは前回、日村家の面々から聞いた内容とほとんど同じものだったが、今回は当事者たちの私見とお願いも聞かされた。

「とにかく七十年近くも経って、こんなことを思いだしてしまい、あの蔵が恐ろしくて恐ろしくてしょうがないんです。なんとかひとつ、よろしくお願いします」

七十代前半を迎える宗樹さんが顔を歪《ゆが》めて頭《こうべ》を垂れると、義之さんもうなずいた。

「柚子香ちゃんから蔵で起こった話を聞かされてから、ずっと厭な胸騒ぎがするんです。私も子供の頃の厭な記憶が蘇《よみがえ》って恐ろしいんですが、それよりもこういう流れになって、このままこの件を放っておくと、何か悪いことが起きるんじゃないかと思いまして」

苦い顔をこしらえながら語った義之さんの言葉が、利明さんと秀樹さんを決心させた大きな理由にもなっていた。

蔵の怪異から五日が過ぎても、柚子香ちゃんには特別変わった様子は見られない。ただ、義之さんが危惧《きぐ》するとおり、蔵の怪異が現在進行形の状態である以上、今後もなんの異変もないとは保証ができないため、手放しで安心することもできなかった。

それに加えて他意はないとはいえ、今回の件は柚子香ちゃんを見舞った怪異が発端で、時津家を騒がせる流れにもなっている。

柚子香ちゃんの安全を確実にしたいという思いと、事態の収束に多大な責任を感じて利明さんと秀樹さんは、私に仕事を依頼したのである。

「わたしが柚子香ちゃんたちに蔵を見せたりしたから、こんなことになったのかなって。そんなふうに思うと、本当に申しわけない気持ちでいっぱいです……」

責任を感じているのは、暗い顔でうつむく梨沙さんも同じだった。

ここまでの流れを俯瞰《ふかん》すれば、誰が悪いという話でもない。互いに妙な責任を感じて、身内同士が気まずい雰囲気になるのもまずかろう。

聴き取りも済んだことだし、さっそく仕事に取り掛かることにした。

梨沙さんの案内で、庭から母屋の裏手に回り、蔵へと向かう。

お祓いに用いる道具や供物を持って利明さんと秀樹さん、義之さんの妻、功子さんも同行してくれたが、蔵の怪異を体験した三人と凜香ちゃんは、「怖い」ということで、母屋に待機していることになった。

蔵は話で聞いて想像していたよりも、はるかに異様な構えをしていた。

瓦《かわら》屋根の形状や、正面から見て横長に延びた造りなど、その輪郭には、元が伝統的な日本家屋だったという名残を感じ取ることができるが、あくまで形だけである。

改築される前には掃き出し窓があったとおぼしき場所は、真っ白い壁で塗り固められ、のっぺりとした平面を照り光らせている。家から窓をなくすだけで、こんなにも印象が変わるものなのかと驚愕《きょうがく》させられた。

かつては玄関戸が嵌《は》められていた場所だったであろう四角い枠の中には、黒々とした分厚い鉄扉が嵌められ、かつてここが住居だったという印を完全に打ち消していた。

全体の輪郭こそ「住居」であっても、目の前に建つこの建築物の印象は、紛れもなく「蔵」だった。それもずば抜けて大きく、歪《いびつ》な形状を成した、ひどく厭な蔵である。

扉の前に立った梨沙さんに「いいですか？」と尋ねられたので、開けてもらう。

扉が開いて中の様子を覗《のぞ》いた瞬間、何かがいるのはすぐに分かった。淀《よど》んだ闇の先に妙な気配が漂っているのが、幽《かす》かにだが確実に感じる。

電気をつけてもらっても、気配は変わることも消えることもなかった。

扉を抜けて最初にある部屋は、元々居間として使われていた部屋だという。

畳敷きに換算すると、かつてはおそらく十六畳ほどもある広い部屋だったのだと思う。四方の壁には無数の段ボール箱や木箱、衣装ケースなどが整然と積みあげられている他、時代物の古びた自在棚や茶箪笥《ちゃだんす》などが一ヶ所にまとめられ、隙間なく並べられている。

奥の扉を抜けて、廊下に面した他の各部屋も一通り見せてもらった。

座敷に使われていた部屋が三つと、私室に使われていた部屋が三つ、納戸がひとつ。それに加え、昔は台所だった部屋も水回りが取り払われ、荷物が大量に置かれていた。

廊下も含め、いずれの部屋も薄暗く、黴《かび》と埃《ほこり》の臭いが充満していた。

そして気配も、やはり感じる。ほんの幽かにではあるけれど、この蔵の中のどこかで何かが息を殺してじっと身を潜めているような小さな気配を、絶えず感じ続けていた。

だが、どんなに神経を張り巡らせても、それの居場所を特定することはできなかった。無暗《むやみ》に粘っても無駄と判じ、きりのいいところで思考を切り替える。

当初の予定通り、再び最初の部屋に戻って、魔祓いの儀式を執り行うことにする。

依頼主には伏せていたのだが、四年ほど前から私は、魔祓いや憑《つ》き物落としといった、強い祈禱《きとう》をおこなうと、時間を置いて背中に強い痛みが走るようになっていた。

　幸いにも、ここしばらくはこうした祈禱を求められる仕事が少なかったので、体調もそれなりに安定していたのだが、原因は未《いま》だに不明で、状況が改善されたわけでもない。だからこうした仕事には実のところ、かなり慎重になっていた。利明さんたちに運んでもらった道具と供物を床の上に並べてもらい、儀式を始める。魔祓いの呪文《じゅもん》に加えて、屋敷祓いの祝詞《のりと》もあげた。静まり返った蔵の一室に、祝詞を詠みあげる私の声がしばらく高々と響きわたる。儀式を終え、うしろに座ってもらっていた利明さんらに一礼したあと、立ちあがって周囲の様子を確認する。

　だが、まもなく例の気配を感じ取り、細くため息を漏らすことになった。

「どうです。これで無事に収まりそうですか？」

利明さんに尋ねられたが、まさか嘘をつくわけにもいかない。気配が消えないことを正直に伝えると、利明さんを始め、その場にいた全員の顔がみるみる暗く陰っていった。

「よければ少しの間、ひとりにしてもらえませんか？」

　功子さんに了解をもらい、全員引きあげてもらったあと、今度はひとりで蔵の内部をさらにくわしく調べて回ることにした。

　柚子香ちゃんが襲われたという廊下に向かって意識を集中し、宗樹さんと義之さんがそれぞれ怪異に見舞われた場所でも同じく、神経を研ぎ澄まして気配の元を探った。

　だが駄目だった。気配はわずかに感じるばかりで、場所を特定することができない。

結局、なんらの手応《てごた》えもないまま、三十分ほどで切りあげ、蔵から出ることになった。

母屋へ戻って、結果と事情を説明することにする。

「そうですか。駄目でしたか……なんとかならんものなんでしょうか？」

私の話を聞くなり、宗樹さんが雪崩のようなため息を吐いて、がくりとうなだれた。

義之さんも不安げな色を浮かべつつ、「また何かあったら、助けてくれますか？」と、縋《すが》りつくような目で訴えてくる。

実際のところ、怪しい気配が云々《うんぬん》などというのは、私個人が感じるだけのものなので、黙っておくこともできた。依頼主をいたずらに不安がらせるのは、不本意なことである。

だがその半面、自分の仕事にはなるべく誠実でもありたかった。

仮に気配の件を伏せたところで、蔵の怪異が解消されるわけではない。気配の正体がどんなものなのかさえ確認できない以上、今後の安全と安心を保証することもできない。

だからと思っての報告だったのだが、彼らの落胆ぶりを見るとまいってしまった。

さて、これから先はどうするべきか。

不穏な報告をしてしまったことも含め、仕事を任された以上、責任は全部私にある。

加えて私自身も、今回の案件にはそこはかとない不安を感じ続けていた。

元日の朝と日中、まるで先触れのように現れたほのかさんの姿が、再び脳裏を掠《かす》める。

柚子香ちゃんの安否を始め、このまま半端に終わらせるべき仕事ではないと思った。

しばらく熟考した末、私はひどく無茶な提案を、義之さんへ申し伝えることにした。

それからおよそ三時間後。時刻は午後の六時半過ぎ。

一度自宅に戻った私は身支度を整え、再び時津家を訪ねていた。

日村家の面々も同じく、一旦《いったん》自宅へ戻って時津家の居間に集合していた。

「もう一度確認しますが、本当にいいんですか？　何か起きても責任とれませんよ」

相変わらず、顔じゅうに不安げな色を浮かべて、義之さんがおずおずと訊《き》いてきたが、

「大丈夫ですよ。私の勝手でやらせてもらうんですから」と答え、蔵へと向かう。

日はすでに暮れ落ちて、外は真っ暗になっている。漆黒の闇に浮かびあがる件《くだん》の蔵は、昼間に見た時よりもさらに異様な威圧感を放ちながら、こちらをじっと見つめていた。

「くれぐれもご無事で。もしも何かあったら何時でも構いませんから、連絡をください。すぐに駆けつけます」

義之さんが蔵の鍵《かぎ》を開けるさなか、傍らに立つ利明さんが言った。

今回は柚子香ちゃんと凛香ちゃんを含む、日村家と時津家の全員が蔵の前まで参じて、私が先刻閃《ひらめ》いた愚行とも言うべき大博打《おおばくち》が始まるのを、静かに黙って見守っていた。

中へ入ると義之さんが電気をつけ、続いて利明さんが、古びた達磨《だるま》ストーブを抱えて入ってきた。かつては居間だった部屋のまんなかにストーブを設置して、火をつける。

私は持参した懐中電灯の点灯を再度確認し、それからストーブの前に腰をおろした。これで一応、中の準備完了である。あとは外から仕上げをしてもらうだけだった。

　義之さんと利明さんが蔵から出ると、一同からひとしきり、「がんばってください」「気をつけて」と声をかけてもらった。

　それからまもなく扉が閉まり、続いて鍵が掛けられる。

どんなに幽かだろうが、所在を摑《つか》めなかろうが、気配はずっと感じ続けている。

　今もそうだ。この蔵のどこかでそっと動きを潜め、それでいてこちらの様子をじっと窺《うかが》っているかのような不穏な気配を、微量ながらも確実に感じ取ることができる。

　それで隠れているつもりなら、これ以上気配が小さくなることもなかろう。

ならば向こうが尻尾《しっぽ》をだすまで、とことん付き合ってやろうと考えていた。

時間はこれから日付を跨《また》ぎ、明朝六時までと定めた。

　これから先、母屋に戻った時津家と日村家の面々には、普段どおりに休んでほしいと伝えていたが、もしも万が一、私の身に何かが起きて救《たす》けを求める事態になった場合は、電話で連絡をすることになっていた。

　外から鍵を掛けてもらったのは、宗樹さんと義之さんが怪異に見舞われた際の状況を再現するためである。まもなくブレーカーも落としてもらう手はずになっている。

　柚子香ちゃんの体験には当て嵌まらない状況のため、確実性については定かでないが、宗樹さんと義之さんは、おしおきとして蔵に閉じこめられた際に怪異と遭遇している。

　当時の状況を再現すれば、向こうの気配や動きにも変化が起きるのではないかという算段だった。

先ほど自宅に戻った時、真弓に事情を伝えたところ、当然ながら大いに反対された。私の体調に関しても知っているので、多大な心配もされた。

「大丈夫だよ」と軽口を叩《たた》いて、半ば逃げるように家を出てきたものの、真弓の心配はごもっともである。私だって身体のことは心配だった。

相手が何者なのかも分からないうえ、こちらは身体にガタが来ている拝み屋である。仮にリスクを覚悟で魔祓《まばら》いを行使したとして、それが効くかどうかも分からない。

というか、おそらく効かないだろうと思っていた。

日中、魔祓いの儀式を執り行ってからすでに五時間以上経つが、いつもならとっくに痛み始めている背中が、少しも痛みだす気配がない。ありがたいことだが、裏を返せばそれは、こちらの祓いが向こうに届いていないという裏付けにもなっていた。

どうやら今回は正攻法が通用しない、なかなかひねくれた相手らしい。

だからこちらもこうして、恐ろしくひねくれた手段を用いて挑むのである。

時刻は午後七時。日の出まで時間はたっぷりある。

お互い、じっくり間合いを詰めていければ何よりである。

思うさなかに頭上の蛍光灯が消え、辺りは一面、漆黒の闇に包まれた。

始まりである。

蔵の中　弐

かくして私は、蔵に籠《こも》っている。

時刻は午後十時過ぎ。

頭の中で独りきりの怪談語りを続けながら、すでに三時間以上の時が過ぎた。

だが、今のところ、周囲に不穏な異変が起きる兆しはない。

一時間ほど前、再び蔵の中の各部屋を順番に見て回った。

結果は変わらず。

暗闇の中に幽《かす》かな気配を感じるだけで、未だに気配の発生源すらも分からなかった。

幸い、時間はまだまだたっぷりある。急《せ》いては事を仕損じる。

焦れば向こうの思う壺《つぼ》かもしれないし、努めて平常心を保つようにしていた。

暗闇の中、おさらいの意味も兼ねて、今回の案件について再び思いを巡らせてみる。

初めに思い浮かんだのは、体験者の共通点に関してだった。

宗樹さんと義之さんは、おしおきのために蔵へ閉じこめられたという共通点があるが、

ここに柚子香ちゃんを含めてみると、三人に共通するのは、蔵の怪異に見舞われたのは、

いずれも子供だということだった。

仮にこの蔵に潜む何かの正体が、子供の目にしか視えないものなら、こちらの旗色がだいぶ悪くなってしまうのだが、どうだろう。

わずかながらも気配は感じ取ることができるので、おそらく問題ないとは思うのだが、状況如何《いかん》によっては、何か手を打たなければならないかもしれない。

とはいえ思案を巡らせてみるも、脳裏に明確な答えが浮かんでくることはなかった。

代わりに「子供」というキーワードに誘発されて、昔の依頼主たちが聞かせてくれた、数多《あまた》の奇妙な話を思いだす。

いずれも彼らが子供の頃に体験した話や、彼らの子供が体験したという話である。

幼少時代にこれでもかというほど奇怪な体験をしている私だが、子供時代に不思議な体験をしている者は、私以外にもたくさんいる。

やはり怪談か。

とりあえず、今のところはこれしかできることがない。ならばできることをやろう。

思い做《な》すや、私は再び「向こう」を呼びこむ作戦に戻った。

弁天さん

今から半世紀以上も昔、昭和三十年代の話である。

古畑《ふるはた》さんが幼い頃、自宅の近所に小さな銭湯があった。

当時はまだ、自宅に風呂《ふろ》を持たない世帯の多かった時代である。日暮れ時ともなれば年寄りから子供まで、銭湯は地元の見知った顔でごった返す。

そんな銭湯客の常連組に、森《もり》さんという名のおじさんがいた。

森さんはいわゆる〝ヤクザ屋さん〟と呼ばれる仕事をしている方だった。眉毛《まゆげ》の薄い強面《こわもて》に頭髪は角刈りパンチという、ぱっと見、大変危険な香りの漂うおじさんである。

ところが凶悪な人相に反し、森さんはとても気立ての優しいおじさんだった。湯船に浸《つ》かればにこにこ笑顔で誰とでも陽気に語らい、子供たちにもすこぶる愛想がよい。

当然、古畑さんもこのおじさんのことが大好きだった。

森さんの背中にはおっぱい丸だしの素っ裸で、ギターのような楽器を持った女の人の絵がフルカラーででかでかと描かれていた。

当然ながら、他のおじさん連中の背にそんな絵など描かれていない。幼い古畑さんはそれが大層珍しく、森さんの目を盗んではいつもちらちらと眺めていた。

ある時、森さんに思いきって「背中のオバサンはなんなの？」と尋ねてみた。

すると森さんは豪快に笑い、「これはオバサンじゃねえよ。神さまだよ！」と答えた。

「かみさま？」と古畑さんが首を捻《ひね》ると、

「そうだ。弁天《べんてん》さんといって、いつも俺を危ないことや困ったことから助けてくださる、大変ありがたい守り神だ」と、森さんは目を細めて微笑んだ。

幼い古畑さんには、なんのことかよく分からなかったが、森さんが弁天さんのことを大事にしているということだけは、なんとなく了解できた。

弁天さんの話を聞いてから、古畑さんと森さんの関係は、さらに気安いものとなった。森さんに頼まれれば、背中の弁天さんを洗ってあげたり、お礼に森さんから湯あがりのコーヒー牛乳をおごってもらったりもした。

当時は、世の中全体が今よりいくらか大らかだったせいなのか、はたまた古畑さんの地元が、森さんのような職業の方々に対し、特別寛容だったのかは分からない。

ただ、彼の両親を始め、ふたりの関係に難色を示す者は周囲に誰もいなかったという。

そんな森さんとの良好な関係が続いていた、ある日のことだった。

いつものように古畑さんが湯船に浸かっていると、森さんが浴場に入ってきた。

普段でも怖い顔の森さんが、その日はなんだか一際恐ろしい顔をしていた。

なんとなく子供なりの勘が働き、古畑さんは遠目からその様子を見守ることにした。

怖い顔で湯船に浸かった森さんは、周りのおじさんたちとも短く挨拶《あいさつ》を交わしたきり、それ以上は語ろうとしない。無言で凄《すさ》まじい形相を顔じゅうに拵《こしら》えるばかりである。

そのうち森さんは湯船を抜けだし、身体を洗い始めた。

悪鬼のような凄まじい形相で背中の弁天さんを一心不乱に擦《こす》り続ける森さんの様子は、幼い古畑さんの目から見ても明らかにおかしかった。

森さんの様子が気がかりだった。声をかけようにもなんとかけたらよいやら。

湯船に浸かりながらしばらくじっと、古畑さんは森さんの背中を眺め続けた。

泡まみれになった背中に湯がかけられると、おなじみの弁天さんが姿を現す。

今日のおじさんは怖いけど、弁天さんの顔はいつでも優しいな……。

いつもは遊んでくれる森さんの態度に拗《す》ねながら、心の中で独りごちる。

そのままぼんやり弁天さんを眺め続けていた時だった。

ふいに弁天さんの両目がきょろりと動き、こちらを向いた。

うわっ、動いた！

思わずざぶりと湯船から立ちあがり、目を白黒させる。

しかし、反射的に驚いてはみたものの、不思議と怖い感じはまったくしなかった。

目はぱちぱちと瞬《まばた》きもしたが、動くのは両目だけ。身体のほうはぴくりとも動かない。

湯船の縁へ身を乗りだし、固唾《かたず》を呑《の》んで様子をうかがっていると、今度は弁天さんの口がぱくぱくと動きだした。

（カキザキノイエ、オシイレノウエ）

頭の中に直接聞こえるような声だった。周囲の大人は、誰も声に気づく様子がない。

（なんのこと？）

無言で口をぱくつかせ、弁天さんに問うてみた。

（カキザキノイエ、オシイレノウエ）

弁天さんは古畑さんの頭の中で、再び同じ言葉を反芻《はんすう》する。

（かきざきの家、押入れの上？）

古畑さんが頭の中で復唱すると、弁天さんの口元が一瞬、微笑んだように見えた。

続いて弁天さんの目が、いつもの位置にすっと戻る。あとは古畑さんが何を訊《き》いても語りかけても、それっきり二度と動くことはなかった。

　しばらくすると、森さんが浴場を出た。

古畑さんは意を決して、森さんのあとを追いかけた。なぜかどうしても、弁天さんの言葉を伝えなければならないと思った。

脱衣所で相変わらず怖い顔をしながら身体を拭《ふ》いている森さんに、勇気を振り絞って声をかける。森さんは沈んだ笑顔で「おう、坊主」と返してきた。

「あのね、おじさん。かきざきの家、押入れの上だって」

　古畑さんが伝えたとたん、それまで漫然と古畑さんの顔を眺めていた森さんの両目が、突如くわっと大きく見開かれた。

怒られる！　あまりの恐ろしさに思わず背筋がしゃきんと伸びる。

ところが森さんの反応は意外なものだった。

「ありがとよ。坊主」

古畑さんに短く礼を述べ、頭をくしゃりと一撫《な》ですると、森さんは大急ぎで服を着て、矢のような勢いで銭湯を飛びだしていった。

翌日、古畑さんが銭湯を訪れると、顔じゅうに満ち足りたかのような笑みを浮かべた森さんが、湯船にゆったりと浸かっていた。

「坊主、ちょっと来い」

にこにこしながら手招きするので、さっそく行ってみるなり、森さんが言葉を続けた。

「お前さんのおかげで、おじさんのお仕事は無事に解決したよ」

唄《うた》うような調子で古畑さんに告げ、またくしゃくしゃと頭を撫で回された。

「どうしたの？」と尋ねてみると、森さんはいかにも嬉《うれ》しそうな口ぶりで語りだした。

「実はこの間、おじさんの〝会社〟で、お仕事に使う大事な物がなくなっちまったんだ。それがないと〝会社〟は大変なことになるし、おじさんも偉い人たちから怒られちゃう。それで一生懸命調べたら、どうやら大事な物は〝会社〟の誰かが盗んだらしいんだよな。でも、犯人が誰なのかまでは分かんなかった。それでちょっと困ってたんだが、坊主のおかげで無事に犯人が見つかったってまあ、こういう具合よ」

そう言って森さんは、今まで一度も見たことのないような清々しい顔で笑った。

風呂あがりには森さんが、コーヒー牛乳とラムネをおごってくれた。火照った身体に冷たいコーヒー牛乳をぐびぐび流しこむと、ぱあっと顔がほころんだ。

その傍らで森さんが自分の背中を擦《さす》りながら、しみじみとつぶやいた。

「こうやってなあ、なんかあるといっつも俺を守ってくれるのさあ」

「弁天さんは喋《しゃべ》れるんだね。すごいね！」

ラムネの蓋《ふた》をぱちんと開けながら、古畑さんが相槌《あいづち》を打つと、

「ああ。でも俺は一回も、その〝声〟ってやつを聞いたことがねえんだけどな！」

頭《かぶり》を振りながら森さんは、痛快そうな笑い声を脱衣所じゅうに響かせた。

その後の数年間は、森さんと一緒に風呂に入った記憶がある。

ただ、弁天さんが古畑さんに語りかけてきたのは、あとにも先にも、この時一度きり。

当の森さん本人も、いつのまにか地元から姿をくらましてしまい、それから先の消息はまったく分からないと、現在還暦を迎えた古畑さんは語る。

「子供の頃の、なんとも妙な思い出です。でも本当なんですよ」

古畑さんはそう結んで、皺《しわ》だらけの顔をほころばせた。

Ｅ．Ｔ．

京野《きょうの》さんが転勤の都合で、市街のマンションへ引越してからまもなくのこと。

三歳になる娘の愛理《えり》ちゃんが、マンションに出入りするのを嫌がるようになった。

たとえば奥さんと買い物を終えて帰ってくる時など、マンション入口の手前辺りから火がついたように泣きだす。逆も然《しか》りで、近所の公園へ遊びに連れだそうとした時など、やはりマンションの入口辺りで激しく泣きだし、外へ出ることを頑《かたく》なに拒む。

こんなことがたびたび繰り返されていたが、愛理ちゃんは「やだやだ！　怖い！」と泣き叫ぶばかりで、くわしい原因は不明だった。

環境の変化に、心がまだ追いついていないのではないか？

そう思った京野さんは、休日にはたっぷり時間を費やし、娘に愛情を注ぐよう努めた。

それから少し経った、ある夜のこと。

仕事帰りに京野さんは、『ＥＴ』のＤＶＤを借りてきた。

アニメは普段、奥さんが選んで借りるので、子供も楽しめそうな映画にしてみた。

「ほら愛理、見て見て。あれがねえ、ＥＴっていうんだよ」

テレビに映るETを指差しながら、愛理ちゃんに笑いかける。

　ところがETの姿を見たとたん、愛理ちゃんは、ぎゃっと悲鳴をあげて泣きだした。

「まだ小さいんだから、怖いんだよきっと。ETってちょっと、見た目が生々しいし」

　泣きじゃくる娘を抱きしめながら、奥さんが苦笑する。

「いーてぃーこわいー！　いーてぃーこわいよぉー！」

「ごめんね愛理。パパもう見せないから、ごめんね」

　怯《おび》えた声で泣き叫ぶ娘の頭を撫でながら、京野さんは何度も詫《わ》びた。


　この一件以来、マンションの入口付近で泣きだす愛理ちゃんに〝理由〟ができた。

　それまでは「やだやだ、こわい」とだけ言っていたのが、「いーてぃーがいる！」と叫んで泣きわめくようになった。

「あなたがあんなの見せるから……」

　奥さんに非難もされたが、愛理ちゃんが泣きだすのは以前からのことである。

　それに「いーてぃーが怖い」と騒ぐのは、あくまでマンションの入口付近のみだった。

　自宅の中にいて娘がそのようなことを言いだすことは、ただの一度もない。

「もしかして、何か変なものでも見えてんじゃないかな？」

　冗談とも本気ともつかぬ曖昧《あいまい》な憶測が、京野さんの口からこぼれ落ちた。

それからしばらく経った頃だった。

その日は珍しく残業となり、深夜を回る時間に京野さんは帰宅した。

疲れた身体で通い慣れた住宅街を突っきり、マンションの前にたどり着く。

すでに部屋の明かりはほとんど落ちて、マンション全体は暗々と静まり返っていた。

正面玄関から一歩中に入ったところで、ふいに背後でどーん！　と大きな音が響いた。

驚いて振り返ると、玄関前のアスファルトに足のない男が直立していた。

頭がつるつるにはげた、背広姿の小柄な男。

顔は皺だらけで、目はぎょろりと大きい。

小柄なわりに男の胴はぱんぱんに膨れあがっていて、形もどことなく歪《いびつ》だった。

男は京野さんと目が合うなり、ぐじゅぐじゅと湿った音をたてながら近づいてきた。

足がないと思っていたが、違った。

腹の下に埋もれるようにして、茶色い革靴のつま先がわずかに前へとはみだしている。

男が前へ進むたび、地面にだらりと接した両手が擦《こす》れ、ずりずりと乾いた音をたてた。

ぐじゅぐじゅ、ずりずり。ぐじゅぐじゅ、ずりずり。

不快な音を響かせながら、男がゆっくり、京野さんへと間合いを詰めてくる。

そこでようやく我に返り、京野さんは悲鳴をあげて自宅へ逃げ帰った。

帰宅後、今しがた目撃したものを奥さんに話していると、愛理ちゃんが目を覚ました。

眠たい目を擦《こす》りながら起きてきた娘の顔を見たとたん、京野さんははっとなる。

「……ねえ、愛理。いーてぃーって、どんなお洋服を着ているの？」

「パパみたいなお洋服。ネクタイしてるの」

愛理ちゃんは即答するなり、京野さんの着ている背広を指さした。

「髪の毛は？　髪はどんなふうになってるのかな？」

「髪はねえ、ないの。たこさんみたい。つるつるなの」

娘が怯えていたものの正体が、これでようやく分かった。

はげ頭。大きな目。ぱんぱんに膨れた胴体。つま先だけの短い脚。

確かに、ＥＴに見えなくもない。

その後、同じマンションの住人から、このマンションが自殺の名所だと聞かされた。

およそ二十年間で、三十件以上の飛び降り自殺があるのだという。

同じく、ネットでこんな情報も知った。

ごく稀《まれ》にではあるらしいが、投身自殺の遺体というのは、足から地面に着地した場合、強い衝撃によって、遺体の両脚が胴体にすっぽり埋まるケースがあるのだという。

それからまもなく、マンションで新たな飛び降り自殺が発生した。

愛理ちゃんのＥＴ嫌いも、収まるどころかますますひどくなる一方だった。

解決策も対応策も見つからず、結局、入居からわずかふた月余りで、京野さん一家はマンションを引き払うことにしたそうである。

誰なのか

鈴音《すずね》さんが小学四年生の時に体験した話だと聞いている。

ある日の放課後、鈴音さんの家に友人たちが寄り道をして遊ぶことになった。

寄り道は学校で禁止されていたのだけれど、鈴音さんの両親は共働きでいつも帰りが遅いため、気兼ねなく友人たちを家に招くことができた。

家のいちばん奥にある自室へ友人たちを案内し、下校中にコンビニで買ったお菓子を食べながら、みんなでボードゲームに興じる。

そうしてしばらく夢中になって遊んでいた時だった。

「あ、ほら！　せっかくこんなにいいカード持ってんだから、使ったほうがいいよ！」

鈴音さんと隣に並んで座る友人の間から割烹着《かっぽうぎ》姿のおばさんが顔をだし、鈴音さんが持っているカードを覗《のぞ》きながら、弾んだ声をあげた。

「でも、もったいないからまだ使わない」

「えー！　今使わないでいつ使うの！　追加で五マスも一気に進めるんだよ？」

鈴音さんの答えにおばさんは眉根《まゆね》を寄せながら、呆《あき》れたそぶりで頭《かぶり》を振る。

「だから今は使わないの！　どうしてもって時のためにとっておくんだもん！」

「バカだね。そんな出し惜しみして、最後に負けたって知らないからね！」

「ねえ、おばさん。鈴音ちゃん、使いたくないって言ってるんだからいいでしょう！」

ふたりのやりとりを聞いていた隣の友人が、ため息交じりにたしなめる。

「あっそう。だったら分かった。もう言わない。あたしは邪魔ってことですね！」

むっとした様子で答えると、おばさんはそのまますっくと立ちあがって踵《きびす》を返した。

そして畳の上をずかずかとした足取りで進み、押入れの戸を勢い任せに大きく開いた。

真っ暗で何も見えない押入れの中におばさんの背中が消え、後ろ手で戸が「ぱん！」と乾いた音をたてて閉じられる。

とたんに自室の空気が、水を打ったように静まり返る。

沈黙を破ったのは、きょとんとした色を浮かべた友人のひと言だった。

「ねえ、今のおばさん、誰？」

友人の言葉に鈴音さんもようやくはっとなり、たちまち顔が真っ青になる。

今の今までまったく気づかなかったけれど、まったく知らないおばさんだった。

友人たちと押入れの前へと向かい、恐る恐る戸を開けてみる。

中には畳んだ布団や私物が入っているだけで、おばさんの姿はどこにもなかった。

みんなの口から一斉に悲鳴があがり、家から転がるように飛びだした。

おばさんの正体は、未《いま》だに分からないままだそうである。

ばったーん！

「大した話じゃないんですけど、いいんですか？」

自信なさげな面持ちで、典子《のりこ》さんがこんな話を聞かせてくれた。

彼女が小学六年生の頃。

当時、放送委員だった彼女は放課後、下校を促す校内放送を流したあと、放送室からいちばん近くにある校舎西側のトイレに入った。

典子さんが、トイレのドアを開けた瞬間である。

全部で四つある個室のドアが一斉に「ばったーん！」と、大きな音をたてて閉まった。

誰かが悪ふざけでもしているのだと思い、「何やってんのよ？」と声をかけてみたが、応答はない。

催していたため、じれったくなり、そのままいちばん手前の個室のドアに手をかけた。

ドアはなんの抵抗もなく開き、中はもぬけの殻だった。

嘘……と思って他の個室も順番に開けてみたが、中はいずれも空っぽだったという。

風ノ助

今から三十五年ほど前。荻野目《おぎのめ》さんが小学二年生の頃の話である。

二学期も半ばに入り、地元の田んぼが黄金《こがね》色の稲穂を実らせ始めた時季のこと。

放課後、荻野目さんは学校の裏にある雑木林で、友人たちと戦いごっこに興じていた。

〝戦いごっこ〟とは、参加者が各々、特撮番組やマンガに登場するヒーローと悪者役に扮《ふん》する遊びである。作中の決めゼリフや必殺技の名を叫びながら、空手の組手よろしく、緩いアクションを繰り広げる。

この日の演目に選ばれたのは、当時流行《はや》っていた戦隊ヒーロー番組だった。

みんなでジャンケンをし、勝った順からヒーロー勢と悪役勢、どちらになるかを選べ、好きなキャラを演じる権利を獲得できるシステムである。

勝ち抜けた友人たちが、ヒーロー勢の人気枠を次々とせしめていく。

勝負の前半を負け続けた荻野目さんは、悪役勢の親玉を演じる羽目になった。

配役が決定すると、ヒーロー勢と悪役勢とに分かれ、雑木林の中心を境に二分した。

テレビでおなじみの見栄《みえ》を切るセリフが誰とはなしに叫ばれ始めると、みんな一斉に突撃し、それぞれ好敵手を見つけては、パンチやキックの応酬を繰り広げる。

威勢のいいかけ声や、大仰な叫び声が存分に交わされたあと、いよいよ戦いごっこはいちばんの大見せ場、クライマックスの段に至った。

基本的に戦いごっこという遊びに勝敗のルールはない。勝敗は、演じる作品の設定に忠実に則《のっと》り、ヒーロー物をやれば、最後に勝利するのはかならずヒーロー側となる。

大詰めを予感した悪役勢の連中が、ヒーロー勢の放つ必殺技を前に次々と倒れていく。

その様子をうかがいながら、荻野目さんは雑木林の奥までじりじりと後退していった。

やがて最後の独りになった荻野目さんは、雑木林のどん詰まり、眼下に小川の流れる崖《がけ》の前まで追いやられる恰好《かっこう》となった。

悪の親玉を演じる荻野目さんに、ヒーロー勢の勇ましい決めゼリフが向けられる。

「さあっ！　観念するんだっ！」

「お前の好きにはさせないぞ！」

「地球の平和は僕たちが守るっ！」

口々にセリフを決めたあと、ヒーロー勢の友人たちが一斉に必殺技の構えをとった。

「や、やめろー！　助けてくれー！」

わなわなと全身を震わす演技をしながら、ヒーローたちに命乞《いのちご》いをする荻野目さん。


あいや、待たれぇいっ！

そこへ突然、すぐ近くの藪《やぶ》の中から、仰々しく叫ぶ子供の声が木霊《こだま》した。

何事かと思い、みんなで声のしたほうへ振り向くと、忍者のような白ずきんをかぶり、同じく白いマントを羽織った子供が、長い棒きれを片手に藪の中から飛びだしてきた。

年頃は荻野目さんたちと同じくらいのようだが、見たことのない子供だった。

おまけに秋だというのに、マントの中身はランニングシャツに半ズボンという服装で、足は裸足《はだし》に下駄《げた》履きである。

「なんだ、お前は！」

ヒーロー役の友人のひとりが、白ずきんに向かってずかずかと詰め寄っていった。

だが、白ずきんはまったく動じるそぶりを見せず、代わりに大きく息を吸いこんだ。

「拙者は孤高の世直し人、ハヤテの使者、風《かぜ》ノ助《すけ》と申すッ！　多勢に無勢で攻めたてる斯様《かよう》な所業、見逃すわけにはゆかぬ！　ハヤテに代わりて、拙者が成敗いたす！」

勇ましく大見得を切るなり、片手に持った棒きれの先端を友人の胸元へ差し向ける。

「お前、バカか？　これ、戦隊ヒーローごっこなんだぜ。お前、何役なんだよ！」

呆れた様子で友人が白ずきんにもう一歩、足を踏みだしたその瞬間。

ぱかーん！

白ずきんの握る棒きれが、軽やかな音をたてて友人の脳天を直撃した。

とたんに友人はその場に膝《ひざ》を落とすと、わっ！　と大声をあげて泣きだしてしまった。

「お、お前、何やってんだよお！」

「問答無用！　覚悟せぇい！」

　予期せぬ展開に他のヒーロー勢が非難の声をあげ始めると、白ずきんは勇ましい声を張りあげ、今度は彼らへ向かって駆けだした。

　悲鳴をあげながら、ヒーロー役の友人たちが逃げだそうとしたが、無駄だった。

　ぱかーん！　ぱかーん！　ぱかーん！　と乾いた音を響かせ、棒きれが友人たちの脳天や脇腹めがけて叩《たた》きこまれていく。

「風ノ助」と名乗る白ずきんは、その名のごとく疾風《はやて》のように素早かった。颯爽《さっそう》とした身のこなしでヒーロー役の友人たち全員を、あっというまに叩き伏せてしまった。

　林に木霊する泣き声を聞きつけ、すでに倒された悪役勢も何事かと駆けつけてきた。

「誰だ、あいつ？」

　怪訝《けげん》な声が、悪役勢の口からも次々と飛びだす。

　ずきんで顔が隠れていても、同じ学校の子供なら、声や背恰好で大体の判別はつく。だがそれでもやはり、風ノ助の素性を知っている者は誰もいなかった。

　風ノ助は、地面にうずくまって泣き叫ぶヒーローたちを満足げに一瞥《いちべつ》すると、今度は荻野目さんのほうへと向かってゆっくりと近づいてきた。

「やめて！　嫌だ！　やめてっ！」

　両手を顔の前でばたつかせ、泣きそうになりながら必死で懇願する。

　が、予想に反して風ノ助は、握っていた棒きれを半ズボンのベルトへ収めた。

「これにて一件落着よ。道中、まだまだ先は長いゆえ、お気をつけて旅を続けなされ」

荻野目さんの前まで歩み寄り、ずきんの隙間から覗《のぞ》く目元をにっと綻《ほころ》ばせて笑う。

「それでは、これにてさらば！」

呆然《ぼうぜん》と立ち尽くす荻野目さんを尻目《しりめ》に、風ノ助は荻野目さんの真横をさっとすり抜け、背後の崖へ勢いよく飛び降りた。

とたんに荻野目さんを始め、その場にいた全員から「あっ！」と大きな叫びがあがる。

崖は真下の小川まで十メートル以上の高さがあった。

おまけに水深の浅い川の上には、大きな石がごろごろと山のように積み重なっている。

飛び降りれば到底無傷で済むものではないし、もしかしたら死ぬかもしれない。

みんなで慌てて崖まで駆け寄り、眼下を覗きこんでみた。

しかし風ノ助の姿は、どこにも見当たらない。

もしかしたら水に流されたか、川底に沈んでしまったのではないか……。

誰かがつぶやくなり、荻野目さんたちの間にただならぬ緊張が走る。

真っ青になりながら雑木林を抜け、みんなで学校へ報《しら》せに向かった。

担任の先生と用務員のおじさんを引き連れ、再び雑木林へ舞い戻る。

一同が固唾《かたず》を呑《の》んで見守るなか、先生と用務員さんが崖を下り、風ノ助を捜し始めた。

だが、どれだけ捜せど、風ノ助の姿はとうとう見つけることができなかった。

崖からあがってきた先生が「すぐに警察に報せましょう！」と、慌てふためく。

だが、取り乱す先生に反して、用務員さんのほうは冷静だった。

「その子の歳や背恰好に、本当に間違いはないかい？」

荻野目さんたちのほうへ振り返ると、用務員さんは神妙な面持ちで問いかけた。

みんなで口を揃えて、「はいそうです」と答えると、用務員さんはにっこりと微笑み、

「だったら大丈夫だ。何も心配はいらないよ」と言った。

先生が「どういうことですか？」と尋ねると、用務員さんは遠い目をして語り始めた。

当時から、さらに五十年以上、昔のことだという。

この雑木林でチャンバラごっこをしていた男の子のひとりが、崖から足を踏み外して亡くなるという事故があった。

その時、男の子の身に着けていた衣装が、白いずきんにマントだったのだという。

「今でもここで遊んでいる気になっているんだろうねえ……」

実は私の同級生なんですよ、そいつ。

そう言って、用務員さんは目を細めて笑った。

「何を馬鹿なことを言ってるんですか。そんなことより、早く警察に報せないと」

苛立《いらだ》つ先生を宥《なだ》めすかしながら、用務員さんは子供たちをひとりずつ指さしてみせる。

「ご覧なさい、先生。棒きれで思いっきりぶっ叩かれたって言ってるのに、この子たち、どこにも怪我なんかしてないでしょう？　そりゃ、遊びだから加減もしたんでしょうが、それでもこんな芸当ができるのは、この世のもんじゃないですよ」

用務員さんの言葉を聞くなり、先ほど風ノ助に叩かれた友人たちが一斉に「あ！」と大きな声をあげる。

「どうしたの？」と尋ねると、確かにみんな、怪我などひとつもしていないという。

「ね？　そういうもんなんですよ、先生」

用務員さんに笑いかけられた先生は、それきり黙りこんでしまった。

それから用務員さんは、再び荻野目さんたちへ向き直って声をかけた。

「雑木林の中で遊ぶのは面白いけど、でも、ここで遊ぶ時は気をつけなくちゃいかんと、風ノ助が教えてくれたのかもしれないよ？　この崖は危ないからね。この辺では絶対に遊んではいけないよ」

荻野目さん一同が「はい！」と返事をすると、用務員さんは「いい子だ」と言って、みんなの頭を優しく撫《な》でた。

それからみんなで手を取り合い、荻野目さんたちは夕闇迫る雑木林をあとにした。

その後、雑木林での戦いごっこは、荻野目さんが四年生になるあたりまで続けられた。

しかし、風ノ助の姿を見ることは二度となかったという。

蔵の中　参

さらに一時間余りが過ぎ、時刻は午後十一時を迎えた。

少し眠気が差してきたが、こちらの眠気よりも周囲に漂う寒気のほうが強さを増して、どうにか眠気を防いでいた。

蔵に入った時間と比べると、寒さが段違いに増してきているのが分かる。目の前に薄赤く灯《とも》る達磨《だるま》ストーブは、それなりに周囲の空気を温めているのだろうが、部屋が広いせいか、それとも寒気が強すぎるせいか、大した用をなしてはいなかった。防寒着を着こみ、背中や腰には真弓に渡されたカイロも貼っていたものの、こちらも強い寒気のほうが勝って、温《ぬく》もりよりも震えのほうが一層強く感じられる。

寒気がしだいに鋭くなっていく一方、気配のほうにはなんらの変化も見られなかった。相変わらず、わずかな気配を感じるばかりで、厭《いや》な平行線を保ち続けている。

蔵に籠《こも》って約四時間。

ここに至って漠然とながら、「読みを間違えたかな？」という思いが少しだけ湧いた。仮にこのまま朝まで何も起こらず、寒さと眠気で疲れただけの私が蔵から出てきた場合、時津家と日村家の面々は、果たしてどんなリアクションを見せるだろう。

おそらく露骨な態度はとらないまでも、微妙な反応ぐらいは見せるのではなかろうか。

想像しただけでバツが悪く、なんとも耐え難いものがあった。

細く吐きだしたため息が白い靄《もや》となって、眼前の火の中へ消えていく。

とはいえ、まだまだ時間は残されている。

ならば、希望も残されていると考えるべきである。再び思考を前に向けることにする。

宗樹さんと義之さんは、「おしおき」としてこの蔵に入れられ、怪異に遭遇している。

両人とも「とてつもなく恐ろしい体験だった」と語っていた。

仮に悪いことをした罰として、怪異がふたりの前に現れたのなら、それ以上の実害はなかったようだし、ある意味不幸中の幸いではないかと思う節もある。

広い世間には己が犯した悪事の報いとして、もっとひどい怪異に見舞われてしまった人たちも大勢いるのだから。

「悪いことをすると、お化けが来るぞ」

子供を躾《しつ》けるために使われる古くからの脅し文句だが、あながちこれは虚言ではない。

悪いことをした罰として、あるいは報いとして、怪異に見舞われてしまった人々の話も私はこれまでたくさん聞いているし、手掛けてもいる。

今度はそうしたたぐいの話を回想しつつ、気配に動きが出るのを待つことにした。

最古参

　池内《いけうち》さんが腎臓《じんぞう》の病気で、市街の総合病院に入院した時のこと。思いがけない入院と体調不良に苛々《いらいら》していた池内さんは、看護師が検温に訪れるたび、心ない態度で接した。

　親しげな笑みを浮かべる若い看護師には仏頂面でそっぽを向き、話の取っ掛かりにと、何気ない質問を向けてきた看護師には、ぞんざいな答えを返して会話を打ち切る。看護師たちが些細《ささい》なミスを犯せば、わざとらしく舌打ちをして、いかにも不貞腐《ふてくさ》れた目つきで彼女たちを見つめては、ふたりきりの病室に重たい空気を作りだす。絶対安静で他にやることもなかったため、向こうから抗議を受けないぎりぎりの線で看護師たちをいびることが、池内さんの楽しみになっていった。

　あの手この手で嫌がらせを繰り返していると、そのうち新人の看護師や若い看護師が病室に来なくなり、代わりに中年でベテラン風の看護師たちが来るようになった。

　この対応に滅法腹を立てた池内さんは、さらに不遜《ふそん》な態度で彼女たちに喰《く》ってかかり、多大な顰蹙《ひんしゅく》を買うことになった。堪《たま》らず抗議の言葉を述べる看護師もいたが、一方ではひそかに顔を背けて涙ぐむ看護師もいたので、首尾は上々といったところだった。

そうして入院から二週間ほどが過ぎ、病室を訪れる看護師たちも一通りいびり終えた、ある晩のこと。深夜遅く、池内さんは得体の知れない寝苦しさを覚えて、目を覚ました。まぶたを開いたとたん、ぎょっとなって凍りつく。

仰向けに寝ていた目と鼻のすぐ先に、女の顔が張りつくように迫っていた。

がさがさに乾いて蒼《あお》ざめた肌は、生きている者とは思えないほどおぞましい色を帯び、ぎょろりと見開いた双眸《そうぼう》は、獲物を狙う蛇の目のように冷たい威圧感を放っていた。

女は頭にナースキャップを被《かぶ》っていたが、他の看護師たちが被っているものとは違い、給食帽のようにふっくらと大きく、丸みを帯びた形をしていた。

一目するなり、半世紀以上も大昔に用いられていた旧式のナースキャップだと察する。女の顔だちも時を飛び越えてきたかのように古めかしく、不穏な相を浮かべていた。

女はほとんど微動だにしないまま、無言で池内さんの目を見つめ続けた。

逃げだそうと思っても身体がまったくいうことを聞かず、声すらだすことができない。がたがた震えながら女の視線に耐える他なかったが、それも長くは続かず、池内さんはまもなく意識を失った。

この日の夜以来、件《くだん》の看護師が現れることはなかったが、池内さんは看護師たちへのいびりを一切やめ、生きた心地もしないまま、退院の日を待ちわびたという。

ペナルティ

高校三年生の二学期、船岡《ふなおか》さんは修学旅行で京都を訪れた。

初日は市内の神社仏閣を見学して回る予定になっていたのだが、少々やんちゃだった当時の船岡さんにとって、それは拷問に等しいほど退屈極まりない時間だった。

地味な寺に派手な寺。痩《や》せた坊主に太った坊主。

ぼろい神社にでかい神社。いかつい宮司にしょぼい宮司。

にやけ面でそこかしこを徘徊《はいかい》する爺婆《じじばば》集団に、勿体《もったい》ぶったバスガイドの講釈。

各所を巡って船岡さんから出てくるのは、せいぜいこんな程度の感想だった。

折しも秋の京都は、今が紅葉も真っ盛りの時節。

紅蓮《ぐれん》のごとく真っ赤に染まった楓《かえで》の葉が、天ともいわず地ともいわず、古都の境内を悉皆《しっかい》焼き尽くすように彩り、ひたすら目に染みて痛いほどである……。

などと思うようなこともまったくない。

寺に限らず自然に限らず、心穏やかになるものが、なぜか無性に嫌いな性分だった。

どこを回れど一律退屈。回れば回るほど、ひたすらだるさが増して眠たくなるばかり。

楽しさなど毛ほども感じられなかった。

「一体なんでこんなダセえもんを、わざわざ時間潰《つぶ》して覗《のぞ》いて回らなきゃなんねえんだ。マジ最低最悪の気分だし。ああだりぃ。ああ眠《ね》みぃ。ああ死ぬ。つか帰りてえ」

各所を回るたび、船岡さんは周囲に向かって散々毒を吐き散らした。

やがて修学旅行の一団は、とある神社へ到着した。

「馬鹿なので名前は覚えてないが、そこそこでかい神社だった」とは、本人の談である。

担任から簡単な説明を受けたあと、グループに分かれ、境内を自由に散策するという流れになった。ただ、あいにくそう言われても、特に見るべきものも、することもない。

仕方なく、同じグループのやんちゃ仲間を引き連れ、境内をぶらぶらと練り歩く。

ためしに土産物屋も覗いてみたが、年寄り臭い土産物やわけの分からないガラクタを売っている店が軒を連ねてひしめくばかりで、暇潰《ひまつぶ》しにもなんにもならない。

しばらくすると、誰かが煙草を吸いたいと言いだしたので、船岡さんも賛同した。

確かに煙草の一本も吸わないとやっていられなかった。

となれば場所である。人目につかない場所を探すため、一同はそわそわと歩きだした。

ほどなくして、拝殿裏手の少し奥まった区画に古びた小さなお堂が見つかった。

周囲は木立に遮られ、うまい具合にひと気もない。おあつらえ向きな場所だったのでみんなでお堂の裏に身を隠すと、こぞって煙草に火をつけた。

一同、ここぞとばかりにぷかぷかと吹かしまくり、ようやく人心地つく。

気の済むまで煙を吸いこんだ頃、船岡さんの頭にふと、ろくでもない妙案が浮かんだ。

「せっかく京都まで来たんだから、なんか記念になるもんを残していこうぜ！」

そう言って財布から十円玉を取りだし、親指と人差し指の間に挟みこむ。

そのままお堂の苔生《こけむ》した木壁へ顔を近づけると、がりがりと自分の名前を彫り始めた。

ふ、な、お、か、さん、じょう。

彫り終えて顔をあげたとたん、額にがんっ！　と大きな衝撃が走った。

何かとてつもなく大きな岩のようなもので、思いっきり殴られたような感覚だった。

目の前に星が飛び散り、船岡さんの頭は真っ白になった。

次の瞬間、船岡さんは新幹線の座席に座っていた。

隣と向かい側の座席にはやんちゃ仲間がだらしなく腰かけて、へらへらと騒いでいる。

何が起きているのか理解ができず、しどろもどろに事情を尋ねてみると、仲間たちは「はぁ？」といった顔つきで、なんと帰りの新幹線の中だと答える。

嘘……。

担がれているのだと思ってすかさず否定したが、仲間たちは淡々と、なおかつ呆《あき》れた顔つきで、「三日間、さんざん楽しんできたじゃねえか」などと返してくる。

聞くところによると、船岡さんはあの後も何食わぬ顔で旅行を続けたのだという。

夜は旅館の宴会場でお膳《ぜん》を囲み、露天風呂《ろてんぶろ》に入り、その後、夜中まで騒いで寝た。

翌日は京都市街をグループに分かれて自由行動となり、一日じゅう遊んで楽しんだ。

「あん時がいちばん盛りあがって、サイッコー楽しかったよなあ！」

仲間たちがへらへらと笑う。

で、今日は朝から再び退屈な観光地を巡らされ、ようやくこうして帰るところである。

仲間たちは、事も無げに口を揃えて答えた。

「その間、俺は何をやってたんだよ！」

激昂《げきこう》するも、「だから一緒に騒いで楽しんできたじゃん」と即答された。

「そんなはずはない」と反論してみたが、逆に「それこそそんなはずはないだろう」と、一斉に返される始末だった。

そうしているうちに気がつけば、新幹線はそろそろ帰る駅に到着しようとしていた。

結局、船岡さんの修学旅行の思い出は、初日の死ぬほど退屈な神社仏閣巡りまでと、帰りの新幹線の中の無様なやりとりしか残っていない。

戒めの痕

今から三十年近く前、会社員の粕谷《かすや》さんが、小学一年生の時に体験した話である。

ある日の放課後、粕谷さんは同級生の真《まこと》君と、通学路の途中にある神社で遊んでいた。

古びた神社の狭い境内には、遊具のたぐいがあるわけではないのだが、拝殿の裏手に大きな栗の木が生えていた。

放射状に長く生え伸びた枝木の一本一本が、電信柱ほどの太さもある立派な栗の木で、子供たちが木登り遊びをするのに、いかにも具合いのよさそうな姿をしていた。

学校や近所の大人たちからは、危ないから絶対に遊ぶなと言われていたが、この日は暇を持て余していたこともあり、人目を盗んで木登り遊びをすることになった。

ところが遊び始めてまもなく、真君がうっかり足を滑らせ、木から落ちてしまった。

二メートルほどの高さからの落下で、しかも顔から地面に落ちていた。

蒼《あお》ざめながら木を降りて駆け寄っていくと、真君は額と鼻からしとどに血を噴きだし、地面をのたうちながら呻《うめ》いていた。

「大丈夫？」と声をかけても、苦しそうな呻き声が返ってくるばかりである。

どうしようかと迷った末に、粕谷さんは真君を置き去りにして境内を飛びだした。

真君の容態は心配だったが、親や学校に木登りの件が発覚すれば、ただでは済まない。真君もそれは同じだし、きっと口裏を合わせてくれるだろう。

怒られることを恐れる気持ちと、思いがけない事態にパニックを起こした粕谷さんは、真君の容態を誰にも知らせることなく家路に就いた。

翌日、恐る恐る学校へ行くと、真君の姿が教室にあった。

「おはよう」と声をかけてきた彼の顔には傷ひとつなく、いつもの笑みが浮かんでいる。

「昨日はひとりで帰って悪かったな。怪我、大丈夫だったの？」

尋ねると真君は、痛かったけれど怪我はしていないし、血も流していないと答えた。

おかしいなとは思いながらも、それ以上に木登りの件がばれなかったことに安堵《あんど》する。

「とにかくよかった。今日も一緒に遊ぼうぜ」

真君に笑いかけながら、彼の肩に手を載せた瞬間、たちまち視界が真っ赤にぼやけた。

はっとなって目元を拭《ぬぐ》うと、手にべったりと血がついていた。

続いて真君を始め、周りにいた子供たちから一斉に悲鳴があがる。

まもなく駆けつけた先生に保健室へ連れていかれた時に、ようやく事態が呑《の》みこめた。自分の額がばっくり割れて、おびただしい鮮血がしたたっていたのである。

なんの前触れもなく、四針も縫う怪我をした粕谷さんの額には、未《いま》だに当時の傷痕《きずあと》が、まるで友達を見捨てた戒めのごとく、うっすらと残されたままである。

その代償

美容師の高木《たかぎ》さんが、「とても後悔している」と前置きして聞かせてくれた話である。

高木さんが高校時代、両親が疎遠にしていた叔母《おば》が亡くなった。

葬儀から帰ってきた両親は満面に暗い色を浮かべていたが、理由は叔母の死ではなく、母が小脇に抱えているものだった。それは一体の人形だった。

水色の綺麗《きれい》なドレスを纏った全長六十センチほどの人形で、長い金髪から覗《のぞ》く面貌《めんぼう》は血の気が引いたように薄白かったが、目つきは妙に生々しい。
一目しただけで、気味の悪い人形だと思った。

事情を尋ねてみたところ、妙な気を回した親類が「形見分け」にと寄こしたらしい。即座に「いらない」と固辞したのだが、「娘にかわいがってもらいなさい」と言われて、無理やり押しつけられてきたらしい。

傍らで話を聞いていた中学生の妹も、即座に「いらないからね！」と声を張りあげた。可愛げのかけらもない不気味な人形の顔を一目すれば、当然の反応だろうと思う。

両親が聞いた話では、亡くなった叔母が生前、自室の棚の上に飾っていた人形らしい。高価な人形ではなさそうだったが、それでも一応、形見ということにはなる。

「大して可愛がってたわけでもなさそうだって聞かされてるし、体のいい廃品処理よね。どうしよう、これ？」

ため息混じりにぼやく母に「俺が捨ててこようか？」と提案すると、予想どおり、母はたちまち頬を緩めて「え！　いいの？」と声を弾ませた。

母の了解をもらった高木さんは、「全然平気だよ」と微笑みながら人形を受け取ると、大きなバッグに人形を詰めて家を出た。

「どこに捨てるのか」という母の質問に、「川にでも放りこんでくる」と答えたのだが、高木さんはその前にやっておきたいことがあった。

自宅の近所に広がる雑木林の中へ入ると、バッグから人形を取りだし、人形の顔面を握り拳《こぶし》で思いっきり殴りつける。冷たく硬い質感を帯びた人形の鼻面に、蜘蛛《くも》の巣状の小さなひびが走ったのを目にすると、笑みを浮かべて今度は頭を殴りつけた。

数日前、高木さんは付き合っていた彼女に二股《ふたまた》をかけられていたことを知ってしまい、別れることになった。

別れる際には二股関係にある男もしゃしゃり出てきて、高木さんを悪しざまに罵《ののし》った。彼女はそれをたしなめるどころか、一緒になってあざ笑い、男をさらにけしかけた。

挙げ句の果てには、彼女に「元々遊びで付き合ってただけだから！」などと宣言され、高木さんは怒りとくやしさにむせび泣きしながら、無理やり別れを告げられている。

その怨嗟《えんさ》は一向に収まらず、常に何かへぶつけてやりたい気持ちでいっぱいだった。

顔の造りもサイズも違えど、同じ人間の形をしていて、同じ女の形をしている人形は、自分を裏切った女の姿を投影するのに最適な相手だった。

髪を摑《つか》んで振り回し、顔面に唾《つば》を吐きつけながら平手で頰を執拗《しつよう》に張り、握り固めた拳で胸や腹を打ち据えても、人形はなんらの抵抗も見せず、無言で嬲《なぶ》られ続けていった。

高木さんの暴力はますます加速してゆき、地面の上に叩きつけた人形を踏みつけたり、水色のドレスを滅茶苦茶《めちゃくちゃ》に引き裂いたりするなどして思う存分、鬱憤《うっぷん》を晴らした。

そうして人形を嬲り続けて小一時間ほどが経つと、人形は全身がぼろぼろに擦りきれ、湿った泥土に塗《まみ》れたぼろ雑巾《ぞうきん》のような姿になった。

無様な風体に変わり果てた人形に満足したし、さすがに疲れも感じ始めた高木さんは、再び人形をカバンに入れると林を抜けだし、近くに流れる川へと人形を投げ捨てた。

それから数年後。

高校を卒業して大学に進学した高木さんに、再び好きな人ができた。サークルで知り合った同い年の女の子で気立てがよく、話題も嚙《か》み合って話が弾んだ。ひそかに彼女のそぶりをうかがう限り、彼女も自分に好意を抱いているようだった。

だからと思ってある日のこと、高木さんは自分の気持ちを彼女に打ち明けた。

高木さんの告白に、彼女はすごく喜んでいたのだが、「ＯＫ」の答えを待っていると、なぜかふいに彼女の顔色が曇って、「ごめん。少し考えさせて」と返された。

不審に思って理由を尋ねても、彼女はなぜか怯《おび》えた様子で小さく身体を震わせながら、

「多分、無理だと思う」と返してくる。

意味が分からず、さらに理由を尋ね続けていると、ようやく彼女が真実を語った。

告白されてからまもなく、高木さんの肩越しに女の姿が見えたのだという。長く伸ばした金髪頭に、水色のドレスを着た若い女だったが、全身が真っ赤な鮮血と泥土で薄汚れ、ドレスもぼろぼろに擦りきれた、まるでゾンビのような風体だった。

女の姿が見えたのはほんの数秒ほどだったらしいが、その印象はあまりにも生々しく、おまけにこちらへ向かって、背筋が凍りつくような薄笑いを浮かべていた。

なんだかすごく厭《いや》な予感がするので、付き合えないとのことだった。

話を聞いた瞬間、すぐに件《くだん》の人形の姿が脳裏に浮かんだが、事情を話すことはできず、代わりに慄《おのの》きながら、彼女の答えを受け入れるよりなかった。

以来、十年以上の月日が経った今現在も、高木さんには彼女がいない。

その後も三人の女性を好きになり、思いを打ち明けてきたのだが、告白からまもなく彼女たちから返ってくるのは、「後ろに水色のドレスを着た女が見えた」という報告と、「やっぱり付き合えない」という、有無を言わさぬ返事だった。

お詫《わ》びの気持ちで人形に手を合わせ、持ち主だった叔母にも手を合わせ続けているが、未だに彼女ができず、困り果てているという。

蔵の中　四

徒然《つれづれ》なるままに思いだされる、過去の怪異にまつわる話。

それらに漫然と意識を泳がせているうちに、時間はさらに過ぎていった。

漫然となりながらも、いつ何が起きても対応できるよう、一応身構えてはいるのだが、やはり周囲に不穏な兆しが見られることはない。

俗説によれば、興味本位の交霊術や心霊スポット巡り、さらには心霊写真の撮影然《しか》り、〝この世ならざる者〟との接触は、こちらが望んでいるほど遠のいてしまうものらしい。当てる気満々で買う宝くじは当たらないという理屈と、多分似たようなものである。

改めて思い返すと、私自身も何かを〝視よう〟と思って怪異に出くわした経験よりも、〝視たくない〟か〝まったく意識していない〟状態の時にほど、まるで闇討ちのごとく、怪異のほうが姿を現すパターンが多かった気がする。理不尽なものである。

そんなことを考えていると、再び怪異にまつわる記憶が意識の上へと湧いてきた。

あの時もそうだった。視たくない時や関わりたくないと思っている時ほど、向こうは嬉々《きき》として、こちらに存在を知らしめようとしてくるようである。

第一発見者

今からちょうど四年前、二〇一四年一月半ばの話である。

夜の八時頃、仙台《せんだい》市内への出張仕事を終え、地元の最寄り駅へ戻った時のことだった。

列車を降りて改札をくぐると、駅舎の外から男の怒鳴り声が聞こえてきた。

「お前らはなんなんだ！　このバカ集団！　バカ集～団！」

声の大きさと、言葉の感触から察して、関わらないほうがよさそうな雰囲気だった。

何食わぬ顔を装い、そろそろとした足取りで駅舎を出る。

「一体なんなんだ！　分かんねえのかお前ら！　大変なんだぞ、本当に！」

声がするほうを見やると、六十手前あたりの痩《や》せた小男が、胴間声を張りあげていた。

顔じゅうに無精髭《ぶしょうひげ》を生え散らかし、薄汚れた黒いジャンパー姿で、ぎょろりと剝《む》いた両目を右へ左へ忙《せわ》しなく動かしている。

男は駅舎を出てきた人たちを次々と捕まえては、盛んにくだを巻いているようだった。

「もうやめましょうよ。みなさんのご迷惑になりますから。ね？」

傍らでは若い駅員が努めて物腰柔らかく、だが懸命に男を宥《なだ》め続けている。

一方、男はそんなものなどどこ吹く風。駅舎から出てくる人たちへ執拗に絡みつく。

「なああ、おいおい！　大変なんだ！　ちょっと見ろ！」

誰彼構わず立ち塞《ふさ》がっては、必死の形相で意味不明の訴えを繰り返すのだった。

「あれあれ！　あれなんだ！　大変だろ、大変だろ？　誰も分かってくれねえんだ！」

そう言って、「ほれほれ！」と頭上を指さす。

見あげる者もいたが、反応は一様に薄い。首を傾げたり、顔色を曇らせたりしながら、男の前を逃げるようにして通り過ぎていく。

「なんなんだよ！　お前らみんなバヵなのか！　どうしてあれが分かんねえんだ！」

バヵ集団！　このバヵ集〜団！

また先ほどの印象深いフレーズが、男の口から飛びだす。

「分かんねえのかあ……分かんねえのかよお……あれなんだよ、あれよお！」

じりじりしながら、別の人物の前へと立ち塞がり、ほれほれと頭上へ指を差し向ける。

一体、何がそんなに大変なのか。ついついつられて、男が指さす頭上を仰ぎ見た。

瞬時にああ、あれか。と得心する。

駅舎の前に張られた電線に、長い白髪を振り乱した老婆がいた。

老婆は電線に両膝《りょうひざ》を引っかけ、逆さになってぶらさがっている。

「お前ら大変なんだぞ、大変なんだ！　分かってる？　早くしないと大変なんだっ！」

残念ながら、無駄である。

老婆は多分、男と私の目にしか視えていない。

逆さになった老婆の首は、地面へ向かって蛇のように伸びていた。首の骨が折れるか外れるかして、頭蓋《ずがい》の重みでべろりと皮が垂れさがっているのである。

それなのに、老婆は満面に嬉々《きき》とした笑みを浮かべ、男に向かって手を振っている。

老婆がこの世の者でないのは明白だった。

あってはならない光景だし、見てはいけないものなのである。

「見えねえのかよ！　見殺しなのかよ！　早くしねえと大変なんだよ！」

見えないし、すでに死んでいるし、大変でもない。

構わず無視を決めこんでいればよい。あれはそのようなたぐいのものだった。

「バカ集団！　このバカ集～団！」

印象深いフレーズが、男の口からまた飛びだす。早く気づけばよいのに、と私は思う。

「ちょっと事務所のほうまで、お越し願えますか？」

思っているうちに、駅舎の中から他の駅員たちが現れ、男をぐるりと取り囲んだ。

タイムアップである。

男はつかのま、猛然と抵抗していたが、そのうち駅員たちに引きずられるようにして駅舎の中へと消えていった。

頭上を仰ぎ見れば、電線上から件の老婆が、なおも男の背中へ手を振り続けていた。

矛先がこちらへ向いても困ると思ったので、私はそそくさとその場をあとにした。

以後、定期的に同じ駅を利用しているが、男も老婆も、再び目にする機会はなかった。

あの人のこと

この世ならざる異様なものが視えてしまう。

物心を覚えた頃から継続している、不穏な要素を孕《はら》んだ私の個性と言うべきものだが、長い間、拝み屋稼業を続けていくなかで、こうした個性は決して類稀《たぐいまれ》なものではないと認識するようになった。

「この世ならざるものが視えてしまう」「他人に感知できないものを感知してしまう」

こうした特殊な感性を持つ人たちは実のところ、世間に数多く存在する。なぜにそれが世間に広く知られることがないのかというと、彼ら自身が己の特異性を大っぴらに喧伝《けんでん》することなく、あるいは告白すらもしないからに他ならない。得てして、特異な感覚を有する人たちというのは、私の許《もと》へ相談に訪れてさえもなお、その告白に口ごもってしまう者が多いのだ。

理由は至極単純であり、同時にひどく深刻なものである。

それを告白することで、「おかしな人」という烙印《らくいん》を押されるのを恐れているからだ。私自身も自分の家族にこうした告白をしたのは、ようやく成人してからのことだった。

やはりその告白には多大な勇気が必要で、多大な緊張感の伴うものがあった。

私がこれまで仕事の中で知り合ってきた、斯様《かよう》に特異な感覚を有する人たちの中でも、とりわけ鋭く、強い感性を持つ人がいた。

名を高鳥千草《たかとりちぐさ》という。旧姓は椚木《くぬぎ》。

彼女の実家は、県北に聳《そび》える山中で養豚業を営む旧家だった。

暮らし向きは裕福だったのだろうが、家庭環境は複雑で、生まれた時からその存在をお母さんを始めとする家族たちに疎まれ、忌避されながら彼女は育った。

二〇〇五年の初夏、彼女は相談客として、私の仕事場を訪れている。

結果的に短い付き合いになってしまったのだけれど、二度目の相談で私が千草の家を訪ねた際、彼女は自身がこれまで体験してきた異様な話を、私に語り聞かせてくれた。

戸外に白糸のような雨が降りしきる六月下旬の昼下がり、薄暗い居間の座卓を挟んで聞かせてもらった話は、全部で三十話近くあったのではないかと思う。

その中でもとりわけ、千草が幼い頃に体験したという話の数々は、今でも私の記憶に印象深く残されている。

雨に消えて花に還る

千草が小学二年生の時に体験した話である。
鈍色《にびいろ》の曇天から篠突《しのつ》く雨が降りそそぐ、初夏の日暮れ時だったという。
学校帰り、両脇を草むらに挟まれた通い路《みち》を歩いていると、前方の道端に子犬がいた。
子犬は激しい雨風に晒《さら》されながら身を縮こまらせ、路上にじっとうずくまっている。
首輪はなく、白い毛並みは雨水と泥にまみれ、しとどに濡《ぬ》れそぼっていた。
堪《たま》らず近寄り抱きあげると、子犬は千草の両手に収まるほど小さかった。
千草の顔を見あげ、「くーんくーん」と子犬が鳴く。きっと安心したのだろう。
だが、千草の家ではペットを飼うことは禁じられていた。
抱きあげても、救《たす》けを求められても、飼うことはできない。
「ごめんね……」と言いながら、子犬を腕からおろそうとした時だった。
千草の手の中で、子犬がばしゃりと弾《はじ》けて消え失《う》せた。
手の中に残ったのは、わずかな水の塊だけ。
他には毛筋の一本さえ、跡形もなく消え失せていた。
雨に煙る薄暗い路上にしばらく茫然《ぼうぜん》と佇《たたず》み、それから千草は泣きながら帰宅した。

　すっかり雨があがった翌日の朝方。

登校中に昨日の日暮れ時、子犬を抱きあげた道へと至った。

胸が締めつけられるような思いで歩いていると、草むらの中から「くーんくーん」と、か細い声が聞こえてくる。思わずはっとなって、千草は声のするほうへ駆けだした。必死で耳をそばだてながら草むらを掻《か》き分け進んでいくと、雨水を吸いこんで湿った草地の上に、子犬がぐたりとなって横たわっていた。昨日の白い子犬だった。

　わっと泣きながら抱きあげてみたけれど、子犬はすでに冷たくなって息絶えていた。白い毛並みは雑巾《ぞうきん》みたいに薄汚れ、雨水と泥水をたっぷり吸って、小さな身体なのにまるで石のように固くてずっしりと重たかった。

　昨日死んでしまったのかな。救けてあげられなくてごめんね……。

亡くなった子犬を哀れに思えど、どうすればいいのか分からず、千草は子犬の亡骸《なきがら》を両手に抱いたまま草むらを抜けだし、大泣きしながら歩きだした。

　そうして歩き続けていると、道端の畑に立っていたお婆ちゃんに声をかけられた。

　優しい声で「どうしたの？」と尋ねてきたお婆ちゃんに、千草は子犬の遺骸《いがい》を見せて、

「死んじゃってたの。かわいそうなの……」と説明した。

　するとお婆ちゃんは、「こっちへおいで」と千草の手を取り、畑の隣で水色の綺麗《きれい》な花を咲かせる紫陽花《あじさい》の前へと連れていった。

「幸せにねえって拝みながら埋めてあげると、みんな花になって生まれ変わるんだよ」

優しい笑みを浮かべながらそう言うと、お婆ちゃんは紫陽花が咲き誇る湿った地面にスコップを突き刺し、ゆりかごみたいに丸くて心地よさそうな穴を掘ってくれた。

そうして今度は、千草から子犬を受け取ると、その身を穴の中へ寝かしつけるようにそっと横たわらせ、静かに土を被《かぶ》せて埋めてくれた。

「婆ちゃんとおんなじように拝んでごらん。もう大丈夫だよお、幸せにねえって」

子犬を埋めた紫陽花の前にしゃがみこみ、お婆ちゃんは瞑目《めいもく》しながら両手を合わせた。千草もお婆ちゃんに倣ってしゃがみこみ、子犬の幸せを願って手を合わせる。

きゅっと目を閉じ、すすり泣きしながらも「幸せにね……」と願って合掌していると、耳元で「くーん」と鳴き声が聞こえ、冷たく湿った感触が頬を撫《な》でるように伝った。

子犬の鼻の感触だと、千草はすぐに気がついた。

はっとなって目を開けると、眼前に咲く紫陽花の中に一瞬、子犬の顔が見えたような気がした。その顔が、とても幸せそうに見えたので、千草は「よかったね」と微笑んで、もう一度、紫陽花に向かって優しく静かに手を合わせた。

長い蛇と烙印

同じく、千草が小学二年生の夏場に体験した話だという。

放課後、同級生たちの提案で、道草しながら遊ぶことになった。

場所は千草の家からほど近い、山の麓《ふもと》に延びる林道。鬱蒼《うっそう》とした樹々を分断する形で延びるこの道はその昔、山から伐採された木を運びだすために切り開かれた道だった。

この日は千草を含む六人ほどの子供が集まり、道の上でけんけんぱや鬼ごっこをして楽しい時間を過ごしていた。

だが、遊び始めてしばらく経った頃、一緒に遊んでいた女の子がふいに悲鳴をあげた。すかさず目を向けると、草むらの中から蛇が這《は》いだしてきたところだった。

現れたのはアオダイショウで、水道につなぐゴムホースと同じぐらいの太さがあった。蛇に気づいた他の子たちも悲鳴をあげて、たちまちその場に硬直する。

千草も同じくその場に踏みとどまり、蛇の動向を窺《うかが》うことにした。

まもなく蛇はその身の大半を草むらから現し、こちらへ向かって舵《かじ》を取り始めた。

長さは二メートル近くもある大物で、身を捩《よじ》るたびに渇いた土が腹に擦《こす》れる鋭い音が、鳥肌を催す気持ちの悪い響きとなって背筋をぞわぞわと震わせる。

　これだけでも千草は身が竦《すく》みあがるほど驚いてしまったのだが、まもなく草むらから出てきた蛇の尻尾《しっぽ》のほうへ目を向けたとたん、頭がくらりとなって倒れそうになった。

　茂みから這い出てきたアオダイショウの尻尾には、さらに大きな蛇の頭が食らいつき、先行するアオダイショウの軌道に沿って道の上を進んできた。

　頭は人間の赤ん坊と同じくらいのサイズがあり、口先はワニのように扁平《へんぺい》で長い。

　胴はアオダイショウのそれより一回り太く、軒先に垂れさがる樋《とい》と同じくらい。胴に模様はなかったが、代わりに渇いた血の色に酷似した赤黒い茶色に染まっていた。大きさといい、身体の色といい、こんな蛇など今まで一度も見たことがなかった。どうしていいのか分からず、その場にがちりと固まり、立ち尽くすしかなくなる。そうしているうちに、大蛇に尻尾を咥《くわ》えこまれたアオダイショウが近づいてきた。悲鳴をあげながら、すかさず両脚をハの字に広げると、蛇は広げた脚の間をくぐってずりずりと進んできた。千草はさらに大きな悲鳴をあげ、それを目にした他の子たちもますます大きな悲鳴を張りあげる。脚の間を這い進む蛇の動きになす術《すべ》もなく、千草は必死の思いで踏んばるしかなかった。

　歯の根をがちがち震わせ、早く行って、早く行って、と願いながら耐え忍んでいると、まもなくアオダイショウの身体が脚の間をくぐり抜けていった。けれどもそれで終わったわけではない。今度はアオダイショウの尻尾に食らいついて追従してくる大きな蛇が脚の間をくぐり抜けるまで耐えなければならなかった。

アオダイショウが千草の脚の間を抜けていってもなお、大きな蛇は未《ま》だ茂みの中からその全身を現していなかった。一体、どれだけ長いんだろうと思いながら、大きな蛇が脚の間をすり抜けていくのを生きた心地もしないまま耐え続ける。

ようやく大蛇の尻尾が脚の間をくぐり抜ける頃には、全身冷や汗まみれになっていた。大蛇はおそらく十メートルか、あるいはそれ以上あったのではないかと思った。

恐る恐る背後を振り返り、もう一度姿を確かめてみる。

だが、道の上に大蛇の姿はどこにもなかった。

代わりに周りの子たちが、ぽかんとした顔で千草の顔を見つめている。

「すっごくでっかい蛇だったね！　何メートルくらいあったと思う？」

冷や汗を拭《ぬぐ》いながら尋ねてみたが、友人たちが答えたのはアオダイショウのサイズで、その後に続いた大蛇など、誰も見ていないという。

「あーあ、また始まったよ。嘘つき千草。だから誘わなきゃよかったんだよ」

大蛇のことを必死に説明しているところへ、ひとりの男子が呆《あき》れた声でつぶやいた。他の子たちも千草に冷たい視線を注ぎ始める。

以前からこうして、自分の目にははっきり視えても、他の子たちには視えないものがあり、うっかり話すと呆れられたり、バカにされたりすることがたびたびあった。

またやってしまったと後悔したが、みんなの冷たい視線に耐えきれず、千草はその日、悲しい思いを抱えながら独りで寂しく家路に就いた。

お坊さんと爆竹

その翌年に当たる、小学三年生の夏休み。

まもなく新盆が近づく、八月上旬の蒸し暑い昼日中のことだった。

千草はふたつ年下の弟にせがまれ、自宅の庭で爆竹遊びをすることになった。友達にもらったのだけれど、ひとりで遊ぶのは怖いから手伝ってほしいのだという。仏壇からライターを持ちだし、広々とした庭園の一角でさっそく爆竹に火をつけた。導火線から橙色《だいだいいろ》の火花を散らし始めた爆竹を放り投げると、たちまち乾いた破裂音が辺り一面に木霊して、鼓膜をびりびりとくすぐるように刺激した。

爆竹遊びは予想していた以上に面白く、黄色い声をあげてはしゃぎまくる弟とふたり、代わる代わるに火をつけては、景気のいい破裂音に胸を躍らせた。

ところが爆竹遊びを始めてまもなく、母屋の玄関が爆竹よりも凄《すさ》まじい轟音《ごうおん》を響かせ、ガラスが割れんばかりの勢いで開け放たれた。はっとなって目を向けると、家の中から氷のように冷ややかな面相を拵《こしら》えた母親が、こちらにずかずかと速足で向かってくる。

すかさず「怒られる」と察して身構えようとしたのだが、千草が身構えるよりも先に、母親のほうが千草の眼前まで詰め寄った。

鼓膜が裂けるような「ぴしゃん！」と鋭い音がけたたましく弾《はじ》け、続いて顔じゅうに燃え盛るような熱い痛みが広がった。

よろめきながらもどうにか踏みとどまって視線を前方に向けるなり、今度は胸ぐらを思いっきり摑《つか》まれ、反対側の頰を思いっきり張られた。

「お前の馬鹿な遊びのせいで、この家にどれだけの損害が出ると思ってるんだッ！」

鼻先まで迫った母親の口から放たれた怒号に気圧《けお》され、千草は声をあげて泣きだした。それでも母親は情けのかけらもないように、声の勢いを緩めることはなかった。

耳が潰《つぶ》れるほどの大声で聞かされた母親の言葉から、千草は母屋の裏手に建つ豚舎で母豚が近々お産を控えていること、お産を控えた母豚は周囲の刺激にひどく敏感なこと、少しの刺激で流産してしまう恐れがあることを知った。

事情を知ると、お母さん豚と生まれてくる子豚たちに心から悪いことをしたと感じて、千草はさらに声を張りあげ、泣き叫んだ。けれども謝罪はしなかった。その後に続く母親の言葉は、豚に寄せる気遣いではなく、子豚が流れた時に損じるお金の話ばかりだったからだ。

怒鳴られながら頰を張られたり、頭を叩《たた》かれたり、指で鼻を小突かれたりするたびに、千草はお金のことではなく、お母さん豚と子豚の安否を気遣いながら泣き続けた。

さんざん怒鳴られ、手をあげられ、恐怖とくやしさで立ち眩《くら》みを起こしそうになる頃、ようやく母親は踵《きびす》を返して、やはりずかずかとした速足で家の中へと戻っていった。

爆竹の破裂音も母親の怒声も消え、ミンミンゼミの声ばかりがかまびすしく響くなか、傍らに立ってすすり泣いていた弟が、消え入りそうな声で「大丈夫？」と訊《き》いてきた。

「うん。別に」

涙でぐしゃぐしゃになった顔を両手で拭うと、千草は精一杯の笑顔を作って答えた。

「次は何して遊ぶ？」と尋ねると、「お姉ちゃんは何がしたい？」と尋ね返されたので、千草は「カニが見たい！」と言って駆けだした。

家の横手に広がる深い森の中には小川が流れていて、沢ガニや田螺《たにし》などがいるのだと、以前にお父さんから聞かされていた。

「森の中は危ないので、近づいてはいけない」とも聞かされていたのだけれど、家にはいたくなかったし、気をつければ大丈夫だろうと思った。大きな長屋門に仕切られた門口を抜けだし、家の敷地を長々と取り巻く土塀を回って、家の横手に面した森の入口へと至る。

ぼうぼうに生え伸びた下草の鋭い葉の縁や、表皮にでこぼこな瘤《こぶ》を尖《とが》らせた木の枝に何度か腕や脛《すね》を引っかけ、薄く血を滲《にじ》ませながらも、千草は弟を導き、森の中を進んだ。

幸い、思っていたほど道は険しくなく、迷うこともなかった。

森に入って数分もすると、水のせせらぐ音が聞こえ始め、音を頼りに向かった先には、目指す小川の風景があった。淡い緑色を輝かせる下草に挟まれた横幅二メートルほどの小川は、軽やかな水音と飛沫《しぶき》を弾ませながら無色透明の綺麗《きれい》な水を走らせていた。

お父さんが言っていたとおり、小川の底に転がる石の上には沢ガニたちの姿があった。同じく、石の上や川底に張りつく田螺の姿もたくさん見える。

「ねえお姉ちゃん、ここなら誰にも怒られないよね？」

しげしげと小川の様子を見入っているところへ、弟が声をかけてきた。

その手には、先ほどの爆竹とライターが握られている。

「うん、分かった。あとでね」

微笑みかけると弟はうなずき、まずは小川で遊ぶことになった。

靴を脱いで裸足《はだし》を水に浸すと、ひんやりとした感覚が心地いい。小川の深さは千草の脛の上ぐらいまでしかなく、弟も難なく水の中を歩くことができた。

どうしてこれが危ないのだろう？

思いながらも千草の興味は、足元でちょこまかと動き回る沢ガニたちの姿に注がれた。弟とふたり、声を弾ませながら水の中をまさぐり、沢ガニたちと戯れ始める。

そうしてしばらく、夢中になって遊んでいた時だった。

ふと気がつくと、視界の端々に妙なものがちらつき始めた。

ビー玉ほどの大きさをした、白くて丸い形をした物体で、小川の周囲の至るところをふわふわと音もたてずに舞っている。

初めは虫か埃《ほこり》だろうと思った。しかし、それにしては大きすぎたし、よく見てみるとそれらは内側からほんのりと淡い光を灯《とも》らせ、ゆっくりとした点滅を繰り返していた。

大きな蛍か何かだろうかと思っていたところへ、それのひとつがふいに近づいてきた。

ふらふらと近づいてきたそれは、傍らで遊んでいた弟の口の中に入っていく。

とたんに弟がぐらりと身体を傾けた。はっとなって支えにかかる。

弟は眠たそうな顔でつかのまこちらをじっと見つめていたが、まもなく白目を剝《む》くと、全身を激しく震わせ、背中に焼き鏝《ごて》を押しつけられたかのような絶叫を絞りだした。

ぎくりとなりながらも、すかさず川から弟を引きあげ、下草の上に座らせる。

「大丈夫？　ねえ、どうしたの？　大丈夫？」

白目を剝いて異様な叫び声をあげる弟の背中を懸命に擦《さす》っていると、周りを飛び交う他の物体が、こちらへ向かって次々と近づいてきた。

悲鳴をあげながら手で振り払うと、それらは一旦《いったん》離れていくのだが、まもなくすると何事もなかったかのように再びこちらへ向かってくる。

錯乱している弟を片手に抱きしめながら、どうしようかと震えあがっているところへ、ふいにどこからか気配を感じた。はっとなって視線を向けると、小川の上流のほうから、大きな人影がこちらへ向かって歩いてくるのが見えた。

黒い着物姿に首から袈裟《けさ》をぶらさげた、がっしりとした体格のお坊さんだった。

すかさず「救《たす》けて！」と叫ぼうとしたが、相手の様子が分かった瞬間、出かけた声がのどの奥へと引っこんだ。

お坊さんの顔には悪鬼のごとく、ぎらぎらとした笑みが浮かんでいた。

　小川の縁をまっすぐ歩くその身体は、前方に伸びる枝葉やぼうぼうと生い茂る下草をかすかに揺らすこともなく真っ向からすり抜け、おまけに足音すらも聞こえない。それは明らかにこの世の者ではなかった。このままだと何をされるか分からない。震えあがりながらどうしようと焦っていたところへ、すぐそばの地面に置かれていた爆竹とライターが目に入った。一か八かと思い、爆竹に火をつけて放り投げる。

　とたんにお坊さんが、忌々《いまいま》しげに大きく顔を歪《ゆが》めて歩を止めた。周囲を飛び交う無数の白い物体も、逃げるように方々へ散った。同時に弟の叫び声が萎《しぼ》んで、苦しそうなうめき声に変わる。「立てる？」と尋ねると、だるそうな声で「うん」と返事が返ってきたので、肩を抱えて立ちあがった。

　そうしてもう一度、爆竹に火をつけ放り投げると、背後に弾ける炸裂《さくれつ》音を聞きながら、千草は弟の肩を担いで駆けだした。

　死に物狂いで森の中を走り抜け、自宅のそばまで戻った頃には、弟はすっかり正気を取り戻していた。

　もう一度「大丈夫？」と尋ねてみたが、弟は何も覚えていないという。お坊さんの正体も、白い物体がなんだったのかも分からなかったけれど、お父さんが「危ないから近づいてはいけない」と言った理由が分かって、千草は心から反省した。

　以来、森の中には一度も足を踏み入れることはなかったという。

真奈美ちゃんと骸骨

これも千草が小学三年生の時の話である。

二学期が始まってひと月ほど。地元の田んぼが黄金《こがね》色の穂を実らせ始めた頃だった。

同級生の真奈美《まなみ》ちゃんの首筋に、妙なものが視えるようになった。

それは小さな骸骨《がいこつ》で、いつも真奈美ちゃんの肩に足を乗せ、両手を首に巻きつかせて、真奈美ちゃんにしがみついていた。

サイズは着せ替え人形よりも一回りほど小さく、なぜか首の骨が横倒しになっていて、肩にくっつくようにぶらぶらと揺れている。

もちろん、真奈美ちゃん本人を含め、他の子たちにも一切見えない。

骸骨は真奈美ちゃんの首にしがみついているだけで、他には何をするわけでもない。ただ、千草は初めて骸骨を目にした時から、厭《いや》な胸騒ぎを覚えていた。

過去にも何度か、人の首筋や頭の上、背中などに妙なものを見てしまうことがあった。真っ赤な顔をした女だったり、角が生えた鬼みたいなものだったり、白い蜘蛛《くも》だったり、その姿はまちまちだったけれど、こうしたものを身体にまとわりつかせた人たちは全員、その後まもなく、亡くなってしまった。

千草が四歳の頃には、豚の集荷に通っていたおじさんが車の事故で亡くなっているし、一年生の時には、担任の律子《りつこ》先生が亡くなっている。

　ふたりが身体に妙なものをまとわりつかせているのを目にした瞬間、千草は直感的に「死んでしまう」と思ってしまった。だから不安になってお母さんに話したのだけれど、「バカなことをいうものじゃありません」と叱られてしまっただけだった。

　以来、千草は誰かの身体に妙なものが視えても、一切口を噤《つぐ》むようになってしまった。お母さんに叱られるのも、友達から「嘘つき」と言われるのも悲しかったからである。

　でも、この時はどうしようと思った。

　真奈美ちゃんとは、あまり言葉を交わす仲ではなかったが、とても思いやりがあって優しい娘《こ》だったので、千草は真奈美ちゃんのことが好きだった。

　そんな真奈美ちゃんが死んでしまうのかと思うと、胸が張り裂けそうな心地になった。でも、真奈美ちゃんに骸骨のことを話して、「嘘つき」と嫌われるのも怖かった。

　だから千草は結局、真奈美ちゃんに骸骨のことを話すことはしなかった。

　それから数日後、真奈美ちゃんは、親類宅の稲刈りへ手伝いに行った際、乗っていたトラクターから落ち、首の骨を折って亡くなってしまった。

　もしも勇気をだして伝えていたら、真奈美ちゃんは助かったのだろうか。

　そんなことを考えると千草は堪《たま》らない気持ちになり、声を張りあげて泣き叫んだ。

馴れ初め

私の知人の占い師で、城戸《きど》小夜歌《さやか》という女性がいる。

彼女は、千草の高校時代の同級生でもある。

一昨年二〇一六年の秋口から手掛けた例の「厄介極まりない」案件で、私と小夜歌は妙な縁で顔を合わせ、一緒に仕事をすることになった。

以下に紹介するのは、そのさなかに小夜歌の口から聞かせてもらった話である。


小夜歌が千草と知り合ったのは、高校二年の一学期が始まってまもなく。地元の桜が日に日に蕾《つぼみ》を開かせ、小さな田舎町の方々に淡い桃色の彩りを添え始めた頃だった。

高校は町の中心部にあり、小夜歌の自宅から十キロほどの距離にあった。田園地帯に延びる県道を進み、町へと至る長い道のりを小夜歌は自転車で通っていた。

道中に荒れた路面や急勾配《きゅうこうばい》もなく、通いやすい道だったのだが、以前からひとつだけ、どうしても気になることがあった。

まもなく町の中心部に至る細い県道の片側には、荒れ果てた雑木林が広がっている。勝手気ままに生え伸びた枝葉は道の上まで迫《せ》りだして、路面に暗い影を落としていた。

毎日ではなかったが、進学してこの通学路を通い始めて以来、小夜歌はこの雑木林の前を通る際、奇妙な気配のようなものを感じていた。

否。もっと具体的に表すなら、それは気配というより、視線に近い感覚だった。

鬱然《うつぜん》と生い茂る林の中から何かがこちらに視線を向け、自分が目の前を過ぎ去るのを息を潜めてじっと見つめている。そんな感覚を覚え、背筋に悪寒が生じることがあった。

林の中に目を凝らしても視線の主が見えるわけではない。だが、林の中に何かがいて、「こちらを見ている」という感覚は、悪寒が生じるたびにまざまざと感じていた。

この道は、同じ高校の生徒もそれなりに使っていて、登下校の最中に姿を見ることも多かった。しかし、傍から様子を見る限り、彼らが雑木林を気にする気配はなかったし、校内でそうした話題が出たこともなかった。

一方、小夜歌自身は小さな頃からこうした感覚が、他人よりも少しだけ鋭い娘だった。

理屈は自分でもよく分からなかったが、身内やクラスメイトの姿を見ていて、背筋にざわざわしたものを感じると、まもなく彼らが病気や怪我に見舞われることがあったし、同じく背筋に悪寒を覚えた場所が、のちに交通死亡事故の現場や自殺があった場所だと分かったこともある。

こうした経験則から、林の中に何かがいるのは確実だったし、気味も悪かったのだが、林を避けて通学路を変えるとなると、ルートが大きく変わって、通学時間が十分以上も増えてしまう。さすがにそこまでする気にはなれなかった。

林の中から視線らしきものを感じてもなるべく意識しないように努め、背筋に生じる悪寒を我慢しながら、小夜歌は通学を続けていた。

だが、意識しないと意識すること自体が、すでに相手を意識することになってしまう。

ふと振り返ればすでに一年余りにもなる、この得体の知れない視線の正体がなんなのか、小夜歌はひどく気になってもいた。

それでとうとう堪《こら》えきれず、高校二年の一学期が始まってまもない四月半ばの登校中、いつもの視線を感じた小夜歌は、林の前に初めて自転車を停めてしまう。

サドルに腰かけたまま、林の中の薄闇に視線を据えると、走行中に感じていた時とは段違いに鋭い視線を感じ、背筋に悪寒とともに冷や汗まで流れた。

みるみるうちに「やばいかも」と直感し、すかさず目を背けようとする。

だが、もしもその瞬間に林の中から何かが飛びだしてきたらどうしよう……。

そんな恐ろしい予感も脳裏をよぎり、視線を動かすことができなくなった。

「気になる？」

そこへ背後から声をかけられ、自分でも信じられないほど大きな悲鳴があがった。

振り返ると傍らに、自転車に跨《またが》りながらこちらを見つめる制服姿の少女がいた。

「一回見ちゃえば多分、もう気にならなくなると思うよ。見てみる？」

いかにもつまらなそうな顔で少女が言った。長い黒髪をまっすぐ伸ばしたその少女は、小夜歌と同じ高校の制服を着ていた。よく見ると、通学中に何度か姿を見た記憶もある。

意味の解せない少女の問いに答えを窮していると、彼女はおもむろに自転車を降りて、雑木林の前に立った。そのまま意にも介さぬそぶりで目の前に生い茂る下草を掻《か》き分け、林の中へと入っていく。

「ほらこれ」

一メートルほど林の中へ分け入ったところで少女がこちらを振り向き、前方に茂った樹々の葉を片手でぐいと脇へ押しのけた。

開けた視界の先を見たとたん、小夜歌はぎょっとなって息を吞《の》む。

陰気な緑を孕《はら》んだ薄闇の上から、灰色のズボンを穿《は》いた男のものとおぼしき脚が二本、だらりとぶらさがって揺れていた。

だが、悲鳴をあげて一瞬目を逸《そ》らし、再び視線を戻すと脚は見えなくなっていた。

「何、今の……？」

わななく唇でどうにか言葉を紡ぐと、少女は手招きしながら「来なよ」と言った。

躊躇《ためら》いはしたものの、気づけば勝手に足が動いていた。下草を掻き分け、少女の許《もと》へ近づいていく。小夜歌が少女の前までたどり着くと、彼女は無言で地面を指差した。

そこには古びた空っぽのワンカップと、真っ黒に枯れた花束の残骸《ざんがい》が転がっていた。

事情を吞みこみかけたところへ、少女のほうが先に口を開いた。

「何って、死んだんじゃん。でもそれだけだから、構わないほうがいいよ」

囁《ささや》くように少女は言って、雑木林を抜けだした。小夜歌もすぐにそのあとを追う。

「いつから分かってたの？　ていうかあんた、ああいうの分かる系の人なの？」

尋ねると、少女はつかのま、きょとんとした色を浮かべ、「分かってたのは去年から。『分かる系』ってのは、よく分かんない」と答えた。

「こっちに気を向けて、同情を買ったり、不平不満をぶつけたいんだよ。自分の勝手で死んだくせにね。でもそれだけ。こういうのは大丈夫。無視して放っておけばいいから。ううん……でもまあ、あたしもぶっちゃけ、たまに鬱陶《うっとう》しいって思う時はあるけどね」

少女は事もなげに答えると、「気にしなきゃ大丈夫だよ」と念を押すように繰り返し、それから子供みたいにあどけない笑みを浮かべてみせた。

まったく予期せぬ流れに圧倒されてはいたが、彼女の笑みは親睦《しんぼく》の証《あかし》と受け取った。

「うん、分かった」と答え、ふたりで並んで自転車を漕《こ》ぎだす。

「あ、そうだ。あたし、城戸小夜歌。お礼言うの忘れてたね。ありがと。助かった」

「んー、別に。椚木千草。おんなじ二年だね。何組？」

小夜歌の胸元で揺れるリボンの色を見ながら、千草が言った。

千草の胸元ではためくリボンの色も小夜歌のリボンと同じ、二年生の青色だった。

それから学校へと向かう残りの道すがら、小夜歌は心に思いつくまま、千草について気になることをあれこれ尋ね、千草も負けじと質問を返しながら自転車を漕いだ。

そうして学校に着く頃にはすっかり打ち解け、ふたりは友達になっていた。

テレポーテーション

小夜歌はそれまで、自分が有する特異な感覚をほとんど他人に話したことがなかった。酒を呑むしか取り柄のないろくでもない父親と、父親の暴力から自分の身を守るのが精一杯の母親は、昔から小夜歌の話を一切信じてくれなかった。

友達に話しても、どれだけ信じてもらえているのか分からないため、いつしか自然と口を閉ざすようになっていた。

そんなところに現れた千草は、小夜歌にとってこれ以上のない親友となった。

互いが有する特異な感覚や、荒《すさ》んだ家庭環境といった共通点があるからばかりでなく、性格的にも妙にウマが合って話が弾んだ。

ひとつ気の利いた言葉を投げれば、三つ気の利いた言葉が返ってくる。

「あ」と言えば、すかさず「うん」と返ってきたし、たとえ小夜歌が何も言わなくても、千草は小夜歌が望む話題や愉快な話題を勝手に切りだしては、話を盛りあげてくれた。

千草は他の生徒たちと群れることを好まず、彼女のクラスへ行くと、いつもひとりで机に突っ伏し、寝ていることが大半だった。だから小夜歌もあえて、自分の友人たちを引き合わせることはせず、千草と遊ぶ時はふたりきりで遊ぶことが多かった。

千草と知り合い、ふた月余りが過ぎた六月下旬。

小夜歌は父親に振るわれた理不尽な暴力と、担任教師から成績に関して浴びせられた心ない暴言への反逆として、長い黒髪を金色に染めあげた。

校則違反で髪をいじる生徒がいても、せいぜい薄い茶髪に染める程度の母校にあって、小夜歌の金髪頭は有無を言わさず人目を惹《ひ》いた。同じクラスの友人たちも呆《あき》れ返るなか、小夜歌の変身を歓迎したのは、千草だけだった。

「よし、分かった。そしたらお祝いにラーメンおごってあげるよ」

小夜歌の金髪頭を眺めながら、千草がわけの分からない提案をしてきて、学校帰りに近所の食堂でラーメンをおごってもらうことになった。

勢い任せに染めあげてしまったものの、実は内心、びくびくしていた小夜歌にとって、それはとても心温まる、優しい申し出だった。

放課後、食堂に入ってテーブルにつくと、千草がさっそくラーメンをふたつ注文した。平日の中途半端な時間だったためか、店には千草と小夜歌の姿しか見えなかった。

「似合ってるよ、小夜歌。似合ってないけど、似合ってる。あんたのキャラにぴったり。できればこのまままっすぐ突っ走ってほしいなあって、あたしは本気でそう思うね」

相変わらず、小夜歌の頭を面白そうに眺めながら千草が笑う。

「あたしのキャラって何？　前からあたし、そんなにワルっぽく見えてた？」

尋ねると千草は「んーん、別に」と答え、頭《かぶり》を振りつつ、肩をすぼめてみせた。

「ふん。そんなに面白いって思うんだったら、あんたも自分で染めてみたら？」

「やだね。髪、傷みそうだし、あたしはあんたみたいなキャラじゃないもん」

「全然意味が分かんない。大体さ、どうしてお祝いにラーメンなんて思いついたわけ？　あたしの髪の色から閃《ひらめ》いたとか？　あんたもラーメン食べたら、金髪頭になるかもね」

わざとらしくしかめ面を浮かべつつ、大きく息を吐きだした時だった。

どしゃっ！　と湿った音が弾《はじ》けたかと思うと、千草の頭が真っ黄色に染まった。

「え」

互いに硬直しながら見つめ合い、ほとんど同時に声が漏れる。

千草の頭を黄色く染めたのは、ラーメンの麵《めん》だった。

黄色い中華麵が頭の上からどっさりと降りかかり、まるで金髪頭のようになっている。

「あたしじゃないよ」

「うん、知ってる」

小夜歌がぼそりとつぶやくと、千草もぼそりと返してきた。

啞然《あぜん》としつつ固まっていると、厨房《ちゅうぼう》のほうから「うえっ？」と妙な声が聞こえてきた。

カウンター越しに厨房へ目を向けるなり、店の大将と視線が合う。

とたんに大将は「ああっ！」と声を張りあげ、こちらにだっと駆け寄ってきた。

「ごめん！　わざとじゃねえんだ！　でもなんだ？　まったくわけが分かんねえ！」

しどろもどろになって千草に謝る大将の語るところによれば、つい今しがた、注文を受けて茹《ゆ》でていたふたり分のラーメンが、茹で麺機から突然消えてしまったのだという。

一体、どこにいったのかと捜していたところ、千草の頭に麺が降りかかっていたので、仰天したとのことだった。

「うん、まあ大丈夫です。多分、テレポーテーションみたいなやつかなあって思います。それより、もしもオッケーだったら新しいラーメン、もう一回作ってもらえますか？」

千草が言うと、大将は「オッケーオッケー！　問題ねえ！」と答え、タオルを取りに再び厨房へ戻っていった。

「ねえ、似合う？」

なおも黄色い麺を頭に載せたまま、千草が間抜けな半笑いを浮かべて尋ねてきた。

「うん、すっごくイケてる」と答えると、ふたりで腹の皮が捩《よ》じれるほど大笑いした。

げらげら笑っていると、父親に振るわれた暴力のしこりも、担任に浴びせられた暴言のくやしさも、些末《さまつ》で馬鹿馬鹿しいことに感じられ、暗く陰っていた心が晴れていった。

その後も食堂には何度も通ったが、こんなおかしなことが起きたのは、後にも先にもこの時一度きりだったという。

スタンドバイユー

それからさらにふた月経った、八月のお盆前。

小夜歌の家に、中学時代の友人だった美羽《みう》から、突然電話が掛かってきた。美羽とは互いに別の高校へ進学して以来、まったく連絡を取り合っていなかったので、小夜歌はしばらくぶりに楽しい話ができると思って喜んだ。

だが、会話が始まってまもなく、美羽は小夜歌にとんでもない話を持ち掛けてきた。

今度、ふたつ上の先輩たちが運転する車で、心霊スポットに行くことになったのだが、できれば一緒に来てほしいのだという。

「小夜歌、昔、霊感あるって言ってたよね？　小夜歌も一緒だったら心強いんだけど」

いかにも困った口ぶりで美羽は懇願してきたが、実際のところ、彼女が小夜歌を誘う本当の動機は、女子の頭数を揃えることにあるようだった。

美羽は、ふたつ上の先輩にぞっこんらしく、心霊スポットツアーに同行したいのだが、先輩から「もう少し女の子がいたほうが、怖さも紛れて楽しいんじゃない？」と言われ、参加メンバーを探しているのだ。実に愚かしい話だと、小夜歌は呆れた。

とはいえ中学時代の大事な友人である。放っておくこともできなかった。

興味本位で心霊スポットに行くこと自体、愚かしいことだが、彼氏でもない男たちと夜中にのこのこ出歩いて、万が一のことがあったらどうするのだと思う。

まったく気乗りはしなかったし、多大に恐ろしくもあったのだが、美羽の身を案じた小夜歌は、不承不承ながらも彼女の誘いに応じることにした。

同じ日、たまさか千草が小夜歌の家へ遊びに来た。

小夜歌の自室のベッドを、自分のベッドのごとく占拠して寝そべる千草に呆れつつも、心霊スポットツアーに行くことについて、ぼやき混じりに報告した。

すると千草は、小夜歌の話を聞き終えるなり、「あたしも行きたい」と手をあげた。

小夜歌は決してそんなつもりで話したわけではなかったのだけれど、千草は楽しげな笑みを浮かべるでもなく、嫌な顔をするわけでもなく、実にあっけらかんとした表情で小夜歌の目を見つめながら、「行きたい」と言った。

ごめんねと思いながらも、小夜歌は千草の申し出をありがたく受け入れることにした。

それから二日後の午前零時過ぎ。

美羽の先輩が運転する車で、小夜歌と千草は心霊スポットツアーへ出発した。

他の面子《メンツ》は助手席に座るもうひとりの先輩と美羽。総勢五名のメンバーだった。

目的地は地元から少し離れた山中にそびえる、火事で半焼した廃ホテル。

焼死した宿泊客の霊が、今もホテルの中をさまよい続ける場所なのだという。

　一時間ほどかかって到着した廃ホテルは、昔は真っ白だったとおぼしき外壁の大半が黒々とした炭色に染まって、見るからに不気味な様相を暗闇の中に浮きあがらせていた。小夜歌が感じる限り、本当に何かが出そうな気配がありありと漂っている。

「行こうぜ」という先輩たちの声を合図に車を降りて、ホテルの中へ足を踏み入れる。

　各々持参した懐中電灯を携え、漆黒に包まれたロビーを抜け、食堂や事務室、客室のひとつひとつを慎重な足取りで巡っていった。

　その間、美羽はぞっこん中の先輩にぴたりと寄り添い、ところどころでわざとらしい悲鳴をあげては、先輩の身体に胸や首筋をこれみよがしに押しつけていた。

「ふん、ビッチが」

「あーあ、見た目だけビッチの人に言われちゃった」

　前方を歩く美羽の背中に向かって毒づくと、隣を歩く千草が唄《うた》うようにつぶやいた。

「はあ？　言ってくれるね、この性悪女」

　小夜歌と千草のやりとりに、近くを歩いていたもうひとりの先輩が、にやつきながら「なになに、どうしたん？」と尋ねてきたが、「別に」と答えてそっぽを向いた。

　中学時代とはすっかり変わってしまった美羽の軽薄な姿を見ていると、虫唾《むしず》が走った。余計な心配をして、こんな茶番に付き合ってしまった自分自身にもむかっ腹が立った。

　それに加えて、小夜歌の身を案じて同行してくれた千草には、申しわけない気持ちでいっぱいだった。だから小夜歌は、美羽を守る代わりに千草を守ることに専念した。

いかにも物欲しそうに絡んでくるもうひとりの先輩に、冷たい視線と言葉を浴びせて距離を置き、それでも一線を越えてくるようならぶん殴ってやるつもりだった。

　そうした一方、ホテルの中を歩き回るさなか、小夜歌は得体の知れない不穏な気配もそこかしこに感じ続けていた。千草に「何かいる？」と訊《き》くと、千草は小さくうなずき、「うん、いるよ。でも警戒してれば大丈夫だと思う」と答えた。

　千草の言葉を信じ、異様な恐怖を感じつつも、小夜歌は千草の身の安全を守りながら自身の警戒も怠らず、用心しながら荒れ果てたホテルの中を歩き続けた。

　そうして一時間ほどかけて内部の大半を回り終え、ようやく正面玄関から外へ出た。

　小夜歌と千草が何事もなく無事に戻ってこられたことを安堵《あんど》する一方、美羽のほうは馬鹿みたいに「超々怖かったですよね～！」などと黄色い声を弾ませ、ふたりの先輩に露骨な愛想を振り撒《ま》いていた。先輩たちもへらへらしながら美羽と話している。

　あからさまな温度差を感じながらも車に乗りこみ、元来た山道を戻り始めた。

「ねえ小夜歌！　今日はマジでありがとね！　霊感強い小夜歌がいたから、超々安全に凶悪心霊スポット、無事に探検できたよお～！　マジでメチャクチャありがとう！」

　後部座席のまんなか、図々《ずうずう》しくも小夜歌と千草の間に座りこんだ美羽が、賑々《にぎにぎ》しくも空々しい声で、いかにも薄っぺらくて白々しい感謝の言葉をわめきたてた。

「千草も超ありがとう！　また遊ぼうね！　あたし、千草と気が合う感じがする～！」

　きんきん声をがならせながら千草の手を握る美羽に、やめてくれよと小夜歌は思う。

苛々《いらいら》しながら美羽の言葉に耳を傾けていると、今度は前の席へとぐっと身を乗りだし、相も変らぬバヵ声で先輩たちに声をかけた。

「先輩！　今日は超々怖かったけど、超々楽しかったです！　またこういう感じで心霊があああああああああああああああああああああああああああ！」

　車内に突然、獣じみた絶叫が木霊したかと思うと、美羽が背中を弓なりに仰《の》け反らせ、小夜歌と千草の間にばったりと倒れこんできた。

　前に座る先輩たちからも悲鳴があがり、ただちに車は山道のどまんなかに急停車した。身の毛もよだつような叫び声をあげて手足をばたつかせる美羽は、白目を剝《む》いていた。

「大丈夫ッ？」と声をかけながら肩を揺さぶっても、美羽の様子はまったく変わらない。千草の顔を見ると、小夜歌と同じく美羽の身体に手を添えながら声をかけていた千草が、顔じゅうに真っ青な色を浮かべてゆっくりと首を横に振った。

　どうしよう……と泣きだしそうになっていたところへ、ハンドルを握っていた先輩が、

「霊能者のとこに行く！」と叫んだ。

　母親が懇意にしている霊能者の家が、地元にあるのだという。断る理由など何もなく、白目を剝いて叫ぶ美羽の身体を押さえながら、小夜歌は猛スピードで突っ走る車の中で彼女の回復を願い続けた。

　それから一時間近くかかって、ようやく車は田園地帯にぽつりと佇《たたず》む、大きな屋敷の門口へ入った。美羽の容態は大して変わらず、今度は異様な唸《うな》り声をあげていた。

がたがた震え慄《おのの》く先輩たちに両肩を支えられ、車から降ろされた美羽が大きな屋敷の玄関前まで引きずられていく。小夜歌と千草もそのあとを追った。

深夜の遅い時間だというのに、玄関口にはすでに明かりが灯《とも》っていて、前まで至ると向こう側から勢いよく戸が開かれた。

玄関戸の向こうから姿を現したのは、顔じゅうに鬼のごとき険しい形相をこしらえた白髪頭の老人だった。

老人は、先輩たちがおたおたしながら事情を説明し始めたのをうっちゃるようにして、唸り声をあげる美羽の顔にじっと視線を注ぐと、「いいから入れ」と促した。

だが、ほっと胸を撫《な》でおろし、みんなで玄関口をくぐろうとした時に異変が起きた。

「待て。あんたは駄目だ。神殺しを中に入れるわけにはいかん」

険しい形相をさらに険しく強張《こわば》らせ、ドスの利いた低い声で老人が言った。

その言葉に小夜歌はぞっとなって固まり、美羽を担ぐ先輩たちもその場に凍りついた。

誰のことだろうと思って視線を泳がせていくと、鋭く光った老人の双眸《そうぼう》は、千草の顔にまっすぐ向けられていた。

「分かりました。いいです……。でもこの娘《こ》は救《たす》けてもらえませんか？　お願いします。あたしは外で待ってますから」

消え入りそうな声で千草が答えると、老人は「分かった」とだけ答え、踵《きびす》を返した。

美羽を支える先輩たちがそれに続く。だが、小夜歌はどうしていいか分からなかった。

傍らでしょんぼりと佇む千草に「ねえ」と声をかけると、千草は「行って」と答えた。
「でもさ」と、小夜歌が逡巡《しゅんじゅん》していると、千草は「ちょっと独りになりたい」と言った。そうして庭先に停められた車のほうへ、とぼとぼとした足取りで戻っていく。

仕方なく、小夜歌も玄関戸をくぐって中へ入った。

美羽の容態は、拍子抜けするほどあっさりと回復した。獣じみた唸り声をあげ続ける美羽に向かって、老人が何やら呪文《じゅもん》のようなものを唱えると、しだいに声は小さくなり、動きもどんどん静かになって、五分もかからぬうちに美羽は正気に立ち返った。

「一体、なんだったんすかねえ！」

興奮しながら尋ねる先輩たちに老人が説明を始めたが、小夜歌は別に興味がなかった。それより千草のことが心配だった。玄関を出て、庭先に停められた車のほうへ向かう。千草は車の後部座席で暗い顔をうつむかせていた。小夜歌も中に入って隣へ座る。

「千草、大丈夫？」

「んーん、別に。平気だよ」

千草は笑いながら答えたが、その顔には、弱りきって救いを求める子犬みたいな色をありありと滲《にじ》ませていた。こんな顔をする千草を見るのは初めてのことだった。

「ねえ……神殺しって何？」

ためらいがちに尋ねてみたが、千草は「さあね？」と答えるだけで、くわしいことは何も話してくれなかった。だからそれ以上の詮索《せんさく》はよした。

「今日はひどいことに巻きこんじゃって本当にごめん。反省してる」

代わりに小夜歌は深々と頭をさげて、千草に謝った。

「謝んなくていいよ。あたしが自分の勝手でついてきたんだもん、自業自得」

心の中で「嘘つき」と思うなり、涙がこぼれそうになった。

そこへ玄関戸が開き、先輩たちと美羽が出てきた。玄関口には老人も立っている。

「いやあ、マジで焦ったけど、無事に治ってよかったわ！　ていうか霊能者すげえ！」

満面に安堵の笑みを浮かべながら、先輩たちが車に乗りこんでくる。美羽もすっかりよくなったようで、にこにこしながら小夜歌の隣に座った。

玄関口へ視線を向けると、老人はこちらを射貫《いぬ》くような目つきでじっと見つめていた。

否。老人の眼光は、正確には千草に向かって爛々《らんらん》と注がれていた。

老人は、車が屋敷の門口を出るまで身じろぎもせず、千草をじっと睨《にら》み続けていた。

「でもさあ美羽ちゃん、大変だったけど、すっげえレアな体験しちゃったよな！」

門口を出てまもなく、ハンドルを握る先輩がいかにも楽しげな声で叫んだ。

「はい！　メチャクチャ怖かったけど、貴重な体験しちゃいました！」

ふざけた先輩の言葉に、美羽もはしゃいだ声でふざけた感想を叫ぶ。

「あ、そういえば気になってたんだけどさあ。霊能者の家、千草ちゃんだけ中に入れてもらえなかったっしょ？　神殺しとか言われて。あれってどういう意味なん？」

助手席に座る先輩が振り返り、千草に向かって尋ねかけた。

　千草は困ったような笑みを浮かべて、「あたしも分かんないです」と答えた。

「千草ちゃんも霊感強いんだもんね？　もしかしたらさあ、自分でも分かんねえうちに、どっかの神さまをやっつけちゃったりとかしてんじゃね！」

「ええ、マジ？　そしたら超かっこいい！『神殺し』とか、名前もかっこいいよねえ！　めっちゃ憧《あこが》れる！　あたしも千草と小夜歌みたいに霊感あったらいいのになあ！」

　へらへらしながら千草に語りかける美羽の顔と、伏し目がちに小さく笑う千草の顔を見比べていると、小夜歌は我慢できなくなった。

「停めて」

　ぼそりとつぶやいた小夜歌の言葉に、先輩が「は？」と返してきた。だから今度は「停めろ！」と大声で怒鳴りつけた。

　真っ暗闇に包まれた田んぼ道の路肩に車が停まるなり、小夜歌は「来いよ」と言って、美羽を強引に車から降ろした。

　そして路上に降り立つなり、美羽の頰を拳《こぶし》で思いっきり殴りつけた。

「何すんの！　信じらんない！」

　殴られた頰に手を当てながら叫ぶ美羽の胸ぐらを摑《つか》んで、今度は反対の頰をぶん殴る。美羽は悲鳴をあげ、その場にどっと尻餅《しりもち》をついた。

　先輩たちと千草が驚いて車から降りてきたが、構わずそのまま、路上に倒れた美羽の胸ぐらを摑み直して、再び拳を振りあげる。だが、そこまでだった。

「それ以上はやめな。ね？」

小夜歌と美羽の間に千草が顔を滑りこませ、あえかな笑みを浮かべてつぶやいた。

「いい？　金輪際、あたしと千草に関わるな。今度会ったらメッタメタに伸《の》してやる」

代わりに美羽に向かって吐き捨てるようにつぶやき、胸ぐらから手を離す。

「あんたたちも同じだからね。女だと思って甘く見ないで」

傍らでぽかんとした顔を並べる先輩たちにも釘《くぎ》を刺し、千草の手を引いて田んぼ道を歩きだす。彼らの車はまもなく、暗闇の彼方《かなた》へと走り去っていった。

「車行かせちゃって、どうやって帰るんだよ。バカ」

隣を歩く千草が、頬を膨らませながらぼやいた。

「うっさい。歩くに決まってんでしょ、バカ」

小夜歌も負けじと唇を尖《とが》らせながら、それに応《こた》える。

「小夜歌、ありがとうね」

夜道を歩きだして少しした頃、ふいに千草が前を見ながらつぶやいた。

小夜歌は、「うん、いいんだよ」とだけ応え、それで言葉を切りあげるつもりだった。

でもやはり、素直な気持ちはきちんと伝えるべきだと思って、言葉を続けることにした。

「これから先、あんたを傷つける奴は、誰であってもあたしが絶対許さない。約束する。だから何かあったら、あたしにちゃんと言ってよね」

言い終えて微笑むと、千草も「うん」と応えて微笑んだ。

先刻、霊能者の老人の口から飛びだした「神殺し」という言葉が、脳裏に焼きついて離れなかった。この娘が何を背負っているのかは分からない。だが先ほど、車中で独り、暗い顔をうつむかせていたあの姿を思い返す限り、小夜歌には想像すらつかないような、何かとんでもないものを背負っている気がしてならなかった。

多分、千草は何かあっても、本気で自分に救いを求めることはないだろうと思う。飄々《ひょうひょう》としているように見せかけて、本当はすごく芯《しん》が強くて優しい娘だから。だからせめて、自分の目が届くところでこの娘に降りかかる災いは、どんなものでもひとつ残らず片づけてやろうと小夜歌は思った。

千草と取り留めのないバカ話をしながら歩きに歩き、ようやく自宅に帰り着いたのは、すでに日が昇りきった頃だった。

酷使しすぎた両脚は、棒のように固くなってぱんぱんに膨らみ、明日《あした》からの筋肉痛は確定だったけれど、気持ちはとても爽《さわ》やかだった。

小夜歌と千草の交流はそれから六年後。二〇〇五年八月に、千草が二十三歳の若さで亡くなる少し前まで、たくさんの思い出を作りながら絶えることなく続いた。

あんのんちゃん

千草の従姉妹《いとこ》に当たる女性で、海上霞《うなかみかすみ》さんという女性がいた。

二〇一〇年の春、偶然にも彼女は、相談客として私の仕事場を訪れている。

これは当時、依頼を受けた仕事が一段落し、そのお礼にと、再び私の仕事場を訪れた霞さんから聞かせてもらった話である。

霞さんが生まれ育ったのは、三陸《さんりく》海岸の沖合に浮かぶ小さな島だった。

島にひとつだけある小学校も、全校児童数が三桁に満たない小さな学校だった。

狭い土地柄ゆえ、子供たちの大半は顔見知りで、仲のよい子たちが多かった。

ただ、幼い頃から人見知りが激しく、引っ込み思案な性格だった霞さんは、みんなの輪の中にうまく入っていくことができなかった。

島の子たちは、男の子も女の子も活発な子が多く、おまけに気性も少し荒かった。

一方、霞さんのほうは、周囲を豊かな海と自然に囲まれた環境に生まれ育ちながらも、家の中で人形遊びをしたり、本を読んだりするのが好きな娘だった。

みんなと趣味が合わないことも災いして、霞さんは長らく寂しい日々を過ごしていた。

そんな霞さんが、小学三年生の時だった。

学芸会で催す『白雪姫』の劇で、霞さんが白雪姫の役に抜擢《ばってき》された。

自ら志願したのではなく、同級生たちからの推薦だった。即座に辞退したのだけれど、みんなの強い推薦に押しきられ、渋々役を演じることになった。

引っ込み思案で内気な性分ながら、根が真面目だった霞さんは、劇の練習が始まると一生懸命セリフを覚え、自分なりに妥協を許さず、連日演技に磨きをかけた。

劇の終盤で王子様役の男の子にキスをされる条《くだり》では、いつもみんなに囃《はや》し立てられ、泣きたい気持ちでいっぱいになった。それでもぐっと堪《こら》えて演技を続けた。

そうした努力を重ね続けて迎えた学芸会の本番。三年生一同による『白雪姫』の劇は、観劇した児童や先生、保護者たちからの大喝采《かっさい》を浴びて、見事に終演することができた。

霞さんとしては劇が好評だったことよりも、大変だった練習からようやく解放されて、元の静かな日常に戻れることのほうが嬉《うれ》しかった。

ところが事態は、霞さんが期待していたように運んでくれなかった。

狭い島ゆえ、劇の噂はたちまち広まる運びとなり、殊に白雪姫を演じきった霞さんは、一躍「時の人」となってしまった。

お母さんと買い物に出かけると、近所の大人たちから「噂の白雪姫だ！」と囃されて、見知らぬおじさんやおばさんたちからも「本当にかわいいね！」と声をかけられた。

どちらも霞さんを称賛する言葉だというのは分かっていた。だが、霞さん自身は嬉しさや誇らしさよりも、恥ずかしさのほうが勝ってつらかった。それに加えて、学校の男子たちは、クライマックスのキスシーンを引き合いにだしてバカにしてくることがたびたびあった。一方、同級生の女子たちの中には、そうして霞さんがちやほやされるのが気に入らず、嫌味混じりに「お姫様」と呼んでくる子や、露骨に意地悪をしてくる子も出てきた。

　こちらのほうは恥ずかしさに加えて、くやしさも湧きあがった。キスは本当にされたわけではないし、王子様役の男の子に特別な感情も持っていない。妬《ねた》みに関しても、元は自分たちが役をやりたくないから、人を強引に推薦したくせに、今さら勝手だと思った。本当はそういうふうに抗議したかった。でも、霞さんは何も言い返すことができず、涙を堪えて我慢するしかできなかった。よくも悪くも、周囲から『白雪姫』の話題が飛びだすたび、霞さんはみんなの前から消え去りたい気持ちでいっぱいになった。

　やがて三年生が終わり、四年生に進級した。さすがに『白雪姫』の話題で持て囃されることは少なくなったけれど、劇の騒動以来、些《さ》細《さい》なことでも周りから注目されるのが恥ずかしく感じられ、以前にも増して周囲から距離をとるようになっていた。

友達の代わりに新しい人形と本だけが増えていった。家に引き籠《こも》ることも多くなった。自ら孤立しながらも、内心では仲のいい友達が欲しいと思う気持ちも本当はあった。

しかしそうは願えど、この狭くて小さな島が自分にとっての全世界であり、自ら心も閉ざしきっている今、そんな友達ができることなどありはしないと分かってもいた。

そうした孤独な思いを抱えながら、さらに月日が経った七月の終わり頃。

夏休みに入ってまもなく、霞さんは不思議な夢を見るようになった。

夢の中で霞さんは、自宅の前に広がる小さな浜辺に立っている。

波打ち際には霞さんと同年代とおぼしき、女の子の姿もあった。

女の子は、浜へと打ち寄せる海水に足を浸しながら、はしゃいだ声を弾ませている。服装は白いTシャツにハーフジーンズ。いつもスカートを穿《は》いている霞さんと違って、男の子みたいに活発そうな服装だった。

ただ、潮風に煽《あお》られてそよぐ黒髪は長く、真夏の陽光を浴びてきらきらと輝いている。女の子の顔にも、眩《まぶ》しいばかりの笑みが浮かんでいた。

霞さんは、海が好きではなかった。

小さい頃にこの海で溺《おぼ》れ、生死の境をさまよって以来、海を眺めていると溺れた時に飲みこんだ海水の塩辛さが思いだされ、のどがひりひりと焼けるように熱くなる。溺れたことが原因で水そのものが怖くなり、霞さんは泳ぐこともできなかった。

だから島の子たちに海で遊ぼうと誘われても断り続けてきたし、断るたびにみんなと溝が深まってもいった。そんな原因にもなった海というものが、霞さんは嫌いだった。

厭《いや》だな、と思いながら海を見つめていたところへ、ふいに女の子と目が合った。

「ねえ、遊ばない！」

目が合うなり、女の子は眩しい笑顔をさらに明るくさせて、霞さんに叫んだ。

戸惑いながら立ち尽くしていると、女の子がこちらに向かって駆け寄ってくる。

「あたし、あんのん。ねえ、海楽しいよ！　一緒に遊ぼうよ！」

そう言って、あんのんと名乗る女の子は、背後に広がる海を指差し、霞さんを誘った。

こんな元気な子に突然誘われたら、本来人見知りの激しい霞さんは委縮してしまって、声がだせなくなってしまう。だが、不思議とあんのんちゃんには、全然緊張しなかった。

それどころか、あんのんちゃんに不思議な親しみも覚え、気持ちが楽しく高鳴った。

とはいえ、海は苦手である。どうしようかと逡巡《しゅんじゅん》する。

「泳げないの？　もしかして、水怖い？」

そこへあんのんちゃんが尋ねてきたので、恥ずかしかったけれど、「うん」と答えた。

「そっかあ……じゃあ、一緒に遊べない？」

あんのんちゃんが残念そうに顔色を曇らせ、霞さんの顔を上目遣いに見つめる。

水は怖いし、海は嫌いだったけれど、あんのんちゃんと遊べないのも嫌だった。

「んー、大丈夫。わたし、あんのんちゃんと遊びたい。一緒に遊ぼ」

勇気をだして答えると、あんのんちゃんは「やった！」と叫び、霞さんの手を取った。

それからふたりで波打ち際に行って、海から次々と押し寄せる白い波と戯れた。水はひんやりとしていて冷たかったけれど、裸足《はだし》を撫《な》でつけるように足元を行き交う波の感触は肌に心地よく、ちっとも怖いと思わなかった。溺れる前もこんなふうに感じていたなと、夢の中で霞さんは思いだす。

そのうち、あんのんちゃんが「泳ぎたい！」と言いだしたので、霞さんも意を決して「わたしも泳いでみる」と応《こた》えた。

浜辺の隅で水着に着替えると、あんのんちゃんに片手を握ってもらい、波打ち際から少しずつ歩を進め、身体を海の中へと浸していく。

どうどうと、けたたましい潮騒《しおさい》を轟《とどろ》かせ、まるで大きな生き物が呼吸するかのごとく、引いては押してを繰り返す波のうねりに、最初はすごくどきどきした。

でも、あんのんちゃんがずっと手を握っていてくれるから安心だった。

やがて海の様子と動きに身体が慣れてきた頃、霞さんはあんのんちゃんから手を離し、ひとりで波の流れに身を任せることができるようになった。

「霞！　泳げてるよ！　すごいすごい！　やったね、霞！」

波間から叫ぶあんのんちゃんの声に、霞さんはいつのまにか自分が泳げていることに気がつき、思わず歓声をあげてしまった。すごく嬉しくて堪《たま》らなかった。

その後はあんのんちゃんと一緒に泳いで、霞さんは夢の中で楽しいひと時を過ごした。

そんな夢を数日おきに、三度ほど見た。

同じ夢を何度も見るのは初めてだったし、夢にしては目覚めたあとの記憶が鮮やかで、その情景のひとつひとつを仔細《しさい》に思いだすことができた。

不思議だなとは思いながらも、楽しい夢の記憶をつぶさに思いだせるのは嬉しかった。でもそれは嬉しいけれど、同時にすごく残酷なことでもあった。

夢から覚めるとあんのんちゃんに会いたくて、自宅の前に広がる小さな浜辺へ行った。しかし、どうどうと潮騒が轟く浜辺の中にあんのんちゃんの姿は見つからない。

そのたびに霞さんは、あんのんちゃんみたいな友達が欲しいと思い、紺碧《こんぺき》色の夏空を映して青々と冴《さ》える海を見ながら涙を流した。

そうして七月が終わり、八月に入ってまもなくのこと。

霞さんの家に、親戚《しんせき》の女の子が長期で泊まりにくることをお母さんから知らされた。本土に暮らすお父さんの妹の娘だそうで、歳は霞さんと同じとのことだった。

「仲よくしてあげてね」とお母さんに言われたけれど、霞さんは緊張して身が強張《こわば》った。

同い年の親戚とはいえ、知らない子と同じ家で何日も過ごすなんて、想像するだけで気持ちが沈み、お腹が痛くなってくる。けれども逃げる場所はどこにもなかった。

厭だ厭だと思っているうちに、とうとうその日が訪れてしまう。

昼過ぎにお母さんが島の船着き場へ、その子を迎えに出かけていった。

霞さんは、今か今かと気持ちを陰らせながら、その到着を待っていた。

やがて玄関戸が開き、お母さんに手を引かれながら、その子が中に入ってきた。

ところが彼女の姿を見たとたん、霞さんははっとなって息を呑《の》む。

玄関口に立っていたのは、あんのんちゃんだった。

白いＴシャツにハーフジーンズ姿。活発そうな服装と、満面に明るい笑みを浮かべるその女の子は、紛《まご》うことなく霞さんが夢で見ていた、あんのんちゃんそのものだった。

「こんにちは、椚木千草です。よろしくね」

あんのんちゃんは、霞さんに微笑みながら自己紹介をした。

一方、霞さんのほうは、予期せぬ事態に動揺してしまい、しどろもどろになりながら、どうにか自己紹介するのが精一杯だった。

本土の内陸部に住む千草は、海を生まれて初めて見るそうで、ひとしきり荷ほどきが済むなり、さっそく自宅の前の海へと遊びに向かった。

「一緒に行かない？」と誘われたけれど、霞さんは委縮して言葉を返せなかった。

霞さんの心を察したのか、千草はしつこく誘うことはなく、海から戻ってきてから霞さんとは距離をとるようにして、時々こちらに笑みを浮かべてみせるだけだった。

千草のそんな様子を見ていると胸がきゅっと締めつけられて、自分がすごく意地悪でひどいことをしている気持ちに苛《さいな》まれた。

翌日、朝ごはんを食べてまもなくすると、千草はまた「海に行ってきます」と言って出かけていった。霞さんは自室で、買ってもらったばかりの本を読むことにした。

でも、しばらくすると千草のことが気になって、霞さんもこっそり海へと向かった。

真夏の陽光が燦々《さんさん》と降り注ぐ波打ち際では、千草が向かい来る白波と戯れていた。

遠目にそれを眺めていると、そのうち千草がこちらを振り向いた。

「ねえ、遊ばない！」

目が合うなり、千草は眩しい笑みを浮かべて霞さんに叫んだ。

戸惑いながらその場に立ち尽くしていると、千草がこちらに向かって駆け寄ってくる。

「もしかして、水怖い？」

千草の問いに、恥ずかしかったけれど、「うん」と答えた。

「そっかあ……じゃあ、一緒に遊べない？」

千草が残念そうに顔色を曇らせ、霞さんの顔を上目遣いにじっと見つめる。

夢と同じだと思った。ならば勇気をだせば、きっと楽しいことが始まるんだと信じた。

「んー、大丈夫。わたし、ちーちゃんと遊びたい。一緒に遊ぼ」

勇気をだして答えると、千草は「やった！」と叫んで、霞さんの手を取った。

それからふたりで波打ち際に行って、海から次々と押し寄せる白い波と戯れた。

水はひんやりとしていて冷たかったけれど、裸足を撫でつけるように足元を行き交う波の感触は肌に心地よく、ちっとも怖いと思わなかった。

溺れる前もこんなふうに感じていたなと、霞さんは思いだす。

そのうち、千草が「ねえねえ、泳ぎたい！」と言いだしたので、霞さんも意を決して「わたしも泳いでみる」と応えた。

それからふたりで家に戻ると水着に着替えて、近くの海水浴場へ泳ぎに出かけた。夢みたいにうまくはいかなかったけれど、千草が助けてくれたので、なんとか少しは泳げるようになった。泳ぐことが少し好きになって、海も少しだけ好きになった。

その後は毎日、朝から晩まで千草と一緒に仲よく過ごして、楽しい夏を謳歌《おうか》した。初めてできた友達と毎日夢中になって遊んでいると、これまでずっと塞《ふさ》ぎ続けてきた分厚い心の扉が開いて、気持ちいい風が胸を吹き抜けていくような心地に包まれた。

「あの頃は、『あんのんちゃん』っていう名前の意味、全然分からなかったんですけど、今はなんとなく理解しているんです。どういう意味だと思います？」

当時の思い出を愛《いと》おしそうに振り返りながら、霞さんが尋ねてきた。

「さあ、なんでしょう？」と首を捻《ひね》った私に、霞さんはふわりと微笑みながら答えた。

「アンノウン。英語で『未知』とか『不明』っていう意味ですよね。あんのんちゃんは、わたしがちーちゃんと出逢《であ》う素敵な先触れだったんだろうなって思うんです」

そう言うと霞さんは、仕事場の窓辺へ目を向け、庭先に咲いた春の花々を眺めながら藍色《あいいろ》に染まる瞳《ひとみ》に少しだけ涙を滲《にじ》ませた。

蔵の中　五

たくさんの人たちと出会い、そしてたくさんの人たちと別れてきた。

思いがけず懐かしい記憶に触れ、気持ちが浮き立つと同時に、仄《ほの》かな寂しさも感じた。

「人が抱える悩みや願いに関わる」という性質上、拝み屋という仕事は、依頼主の心に深いレベルで接することも少なくない。

だが、どれだけ深く接し、気持ちが通い合ったとしても、別れの時はかならず訪れる。

基本的に依頼主の悩みが解決すれば、それまでということが大半だし、千草や霞さん、そしてほのかさんのように、依頼主の逝去によって二度と会えなくなることもある。

特異な業務内容ばかりに関心を向けられがちだが、拝み屋という仕事は極めて特異な仕事であると同時に、無数の別れを経験しなくてはならない、空虚な仕事でもあるのだ。

普段はこんなことを考えて感傷的な気分になることなど、滅多にない。

だがこの時は、在りし日の千草や霞さんの顔を思いだしたことに加え、漆黒の暗闇と静寂に支配された蔵の中という異様な状況が、気持ちを少し後退させたのかもしれない。

よろしくないと気を取り直し、ただちに思考を切り替える。

私の仕事の依頼主といえば、当然ながら、怪異に関する悩みで訪れる者も多い。

千草のように、生まれながらに特異な感覚を有する依頼主ともたくさん接してきたが、その一方で、いわゆる「霊感」などとは、それまでまったく無縁だったはずの依頼主も、ある日突然怪異に見舞われ、私の許《もと》を訪ねてくる。特異な感覚を有する人物からの相談と、それを持ち得ない人物からの相談。

これまで手掛けてきた両者の件数を比べてみると、実は特異な感覚など一切有さない、いわば「普通の人」から受ける相談のほうが、圧倒的に多かった。当の依頼主本人は、「自分に霊感などはない」と言っているにもかかわらず、である。だから思うに、人は特異な感覚など持ち得ずとも、場所や状況、体調、因果といった一定の条件さえ噛《か》み合えば、誰でも怪異と相対《あいたい》してしまうのではないだろうか。

そうでなければ彼らが怪異に見舞われたことへの説明がつかないし、そうであるなら怪異とは、誰の身にも等しく起こりうる事象という証明にもなる。

特異な感覚を有する者と、持ち得ない者。両者の間で唯一異なるのは、前者は怪異を日常的に体験する機会が比較的多く、後者は単にそれが少ないというだけに過ぎない。

繰り返しになるが、怪異とは誰にも等しく訪れるものなのだ。

その実例ならば、数えきれないほど思いだしていくことができる。

蝿

会社員の三田《みた》さんが体験した話である。

蒸し暑い真夏の深夜、自宅マンションの居間で、テレビゲームに興じていた時のこと。

夢中になって遊んでいると、耳元を突然、「ぶぅん」と不快な重低音が掠《かす》めていった。

音の行き先に目を向けると、黒い蝿が一匹、部屋の中を気忙《きぜわ》しく飛び回っている。

三田さんの住むマンションは、市街の中心部という立地。おまけに部屋は九階である。

居住開始から六年になるが、自室で蝿を目撃したのは、この夜が初めてのことだった。

当然、ハエタタキや殺虫スプレーといった、気の利いた物は常備していない。

仕方なく手近にあった雑誌を摑《つか》むと片膝《かたひざ》を立て、静かに機をうかがうことにした。

息を殺して身構えていると、まもなく蝿がテーブルの上に留まった。

そこへすばやく雑誌を振りおろす。

ぱん！　と乾いた音とともに、雑誌越しに確かな手応《てごた》えを感じた。

してやったりとほくそ笑みながら雑誌を持ちあげ、死骸《しがい》の様子を検《あらた》める。

いない。

テーブルの上にも雑誌の裏側にも、蝿の死骸が見当たらない。

代わりに蠅が留まっていたはずの場所には、真っ白い灰のような塊が丸い形になってへばりついていた。

とり逃したのかと思い、慌てて部屋の周囲に隈《くま》なく視線を巡らせる。

しかし、どれだけ捜しても蠅の姿を見つけることはできなかった。

おかしなこともあるものだと頸《くび》を捻《ひね》っているところへ、電話が鳴った。

時刻は午前二時を半分過ぎたあたり。着信は田舎の母親からだった。

不穏な予感を覚えつつ、電話にでる。

激しくとり乱した様子の母から、今しがた、三田さんの父親が突然布団の中でもがき苦しみ始め、救急車を呼んだところだと伝えられた。

明け方、再び母から電話が入り、父が搬送先の病院で亡くなったことを告げられた。

死因は脳梗塞《のうこうそく》だったという。

「最期のお別れに来た父の化身を、自分がたまたま叩《たた》いて潰《つぶ》してしまっただけなのか。それとも、迷いこんできた父の化身を殺してしまったから、父が死んでしまったのか」

いずれにせよ、今でもうしろめたい気持ちになります……。

三田さんは深々とため息をつきながら、ずっしりと項垂《うなだ》れた。

夢ジャック

里枝子《りえこ》さんは数年前のある時期から、たびたび厭《いや》な夢に悩まされていた。

夢の初めは、お洒落《しゃれ》なカフェでお茶を飲んだり、旅行に出かけたり、友人の結婚式に出席するなど、状況は様々ながら、いずれも楽しい情景である。

ところがしばらくすると、状況が一変する。

カフェの夢では、店内に車が突っこんできて、座っていたテーブルごと圧《お》し潰される。

旅行の夢では、宿泊先のホテルで火災が発生し、炎と煙に巻かれてむせび苦しむ。

結婚式の夢では、式場に銃を持った男が乱入し、参列者を次々と撃ち殺していく。

出だしがどんなに楽しい夢であったとしても、最後はいつも恐ろしい災禍に見舞われ、悲鳴をあげながら目を覚ます。

原因も分からず、対処のしようもないまま、ずっとこんな夢ばかりを見続けていた。

そうしたある日、いつものごとくまた夢を見た。

夢の中で里枝子さんは、近所のショッピングセンターにいて、買い物を楽しんでいる。

しばらくすると催してきたので、トイレに向かうことにした。

　用を足し終えて個室の扉を開けると、目の前にチェーンソーを持った男が立っていて、鋭い唸《うな》りをあげて回転する刃を里枝子さんに向かって振りかざす。

　里枝子さんの身体はたちまち無残に引き裂かれ、辺り一面が血の海と化す。

　そこではっとなり、悲鳴をあげて目を覚ました。


　それからさらに数日経った、休日の昼間。

　里枝子さんは、夢の中に出てきた近所のショッピングセンターへ買い物に出かけた。

　店に入ってしばらくすると、トイレに行きたくなった。

　先日、夢の中で起こった惨事が厭でも思い返されたが、それでも用を足さねばならず、厭な気分を抱えながらトイレに入った。

　何事もなく用を足し終え、人心地つくと、今度は喉《のど》が渇いてきた。

　フードコートでコーヒーを飲むことにする。

　注文したコーヒーを受け取り、適当な席に座ってまもなくした頃だった。

「今日は楽しい体験、思いだしてます？」

　どこからともなくやってきた男が、ふいに声をかけてきた。

　四十代半ばくらいの痩《や》せた男で、顔にはこちらをからかうような笑みが浮かんでいる。

　まったく面識のない男だったし、言葉の意味も分からなかったので、気味が悪かった。

　席を移ろうと思い、即座に腰を浮かしかける。

「チェーンソーですよ。ブィーーンって身体、滅茶苦茶《めちゃくちゃ》になっちゃいましたよね」

男の発した言葉にぎくりとなって、浮かした腰が途中で止まる。

「なんのことでしょう？」

怖《お》じ怖じしながら尋ねると、男はすかさず「夢ですよ」と答えた。

「車に潰されたり、火事で焼け死んだり、撃ち殺されたりするのって、夢でもなければなかなか味わえない体験でしょ？ エンジョイしてくれてるのかなあと思って」

快活な笑みを浮かべながら、唄《うた》うような調子で語る男の話に慄然《りつぜん》となる。

件《くだん》の夢の話は、これまで家族や友人たちに何度も話してきた。

だが、チェーンソーの夢に関しては、誰にも話していないはずだった。

どうして彼が、そんなことを知っているのか。

尋ねようとするより先に、男のほうが再び口を開いてしまう。

「僕ねえ、あなたが苦痛に喘《あえ》ぐ顔が大好きなんですよ。子供みたいにかわいくってねえ。またいろいろ考えておきますから、いっぱい楽しんじゃってくださいね」

恭しく一礼すると男はそのまま踵《きびす》を返し、足早に姿を消していった。

その後、男が再び現れることはなかったが、夢は未《いま》だに見続けているそうである。

銀色仮面

市街でバーを経営する佐川《さがわ》さんは、小学生の頃から見るのがひどく厭な夢がある。

真っ赤に燃え盛る炎の海を背景に、銀色の仮面を被《かぶ》り、黒いマントを羽織った人物が、こちらを見つめて立ち尽くしている。

ただそれだけの夢なのだが、見ると数日以内に佐川さんの周辺で火事が起きる。

古くは、近所に暮らす同級生の家、従兄弟《いとこ》の家、行きつけにしていた地元の駄菓子屋。

ここ数年では、常連客の自宅が二軒と、バーの近所にある洋裁店が全焼した。

いずれの火事でも死者が出たことは一度もないが、夢を見るとかならず身近で火事が起きるし、火事が起きると分かっていても、それがどこで起きるのかは分からないため、夢を見ると、ひどく憂鬱《ゆううつ》な気分になる。

夢は、年に一度か二度の頻度で見るそうである。

夢に現れる仮面の人物は、髪の長さや身体つきから察して、どうやら女性のようだと思うのだが、その正体も目的も、未だに何も分からないままだという。

耳の中

お盆に墓参りへ行って以来、次藤《じとう》さんは左耳に違和感を覚えるようになった。耳の中でがさがさと乾いた音が聞こえてくる。音が聞こえるとくすぐったくなったり、時には鋭い痛みが走ったりすることもあった。

初めのうちは鬱陶《うっとう》しいと感じるぐらいだったが、一週間ほど経っても異変は治まらず、そろそろ耳鼻科へ行くべきかと考える。

おそらく墓参りの際、耳の中に虫でも入って死んでいるのだろうと思った。

しかし、できれば耳鼻科へ行く前に自分で原因を確かめたい。

勤め先の同僚に事情を話したところ、「それならいいものがあるよ」と、机の中からコードのついたペンのような物を取りだした。

カメラ付きの耳かきで、付属のケーブルをスマホやＰＣに接続すると耳の中の様子を画面で確認することができるのだという。

さっそく使い方を教えてもらい、机上のＰＣにケーブルをつなぎ、不慣れな手つきで耳かきを差しこんだ。ＰＣの画面上には、トンネル状の肉壁に黒い毛がまばらに生える、耳の中の様子が大写しになった。

生まれて初めて目にする自分の耳の中の様子に感心しながら、耳かきをさらに奥へと向かって差しこんでいく。

そこへ突然、画面に映ったものを見た瞬間、次藤さんはぎょっとなって目を瞠《みは》った。

薄灰色をした鼓膜のちょうど真ん前に、紫色をした着物姿の小さな女が座っていた。

女は次藤さんと画面越しに目が合うなり、ねっとりと絡みつくような厭らしい笑みを浮かべて見せた。

すかさず耳かきを引っこ抜くなり、次藤さんは耳鼻科ではなく、菩提寺《ぼだいじ》におもむいてたっぷりお祓《はら》いをしてもらったそうである。

絆だから

「筋金入りのオタク」と自負する布施谷《ふせや》さんからうかがった話である。

布施谷さんは、築年数こそ古いが、２ＬＤＫのそこそこ広いアパートに住んでいた。

ところが部屋は暮らし始めて数年たらずで、アニメ関係のＤＶＤ、書籍、フィギュア、その他雑多なグッズによって埋め尽くされてしまった。

その後も日々、着々と増え続けていくアニメ関連グッズは、試行錯誤の末に無理やり収納され続けていたのだが、ある時、とてつもなく大きな問題が発生してしまった。

それはアニメのフィギュアを陳列する、スペースの問題だった。

フィギュアは居間の一画に設けた座卓の上と、座卓の脇にあるディスプレイケースに飾っていたのだが、毎月のごとく増え続けるフィギュアの大群に、限られたスペースが間に合うはずもなかった。新たな陳列スペースを設けようにも、部屋じゅうの棚という棚はすでに雑多なグッズで埋め尽くされ、とても確保できる状態ではない。

仕方なく、飾りきれなくなったフィギュアは、全て押入れにしまうようにしていた。

基本的に一度押入れ行きとなったフィギュアたちは、再び陽の目を見ることはない。事情が事情ゆえ、普段は割り切るようにしていたのだが、この時だけは大いに悩んだ。

悩みの種は、座卓の上を占拠していたフィギュアの一団だった。

くわしいタイトルは伏せるが、そのフィギュアは布施谷さんが筋金入りのオタクへと変貌《へんぼう》するきっかけにもなった、某SFアニメのフィギュアだった。

中でも熱をあげていたのはヒロインの美少女で、彼女は布施谷さんの中で十年以上も「俺の嫁」として君臨している。それは愛《いと》しく大事な美少女だった。

ところがいけないことに布施谷さんは、半年ほど前に嵌《はま》り始めた別の美少女アニメのヒロインに惚《ほ》れこんでしまい、すっかり夢中になっていた。

要するに、新たな「俺の嫁」ができてしまったのである。

当然、彼女のフィギュアも買い漁《あさ》っていたのだが、人気アニメの人気ヒロインのため、次から次へとフィギュアが発売される。

座卓の隣のディスプレイケースも、すでに「新たな嫁」のフィギュアに埋め尽くされ、満員状態になっていた。

それでも新しいフィギュアが出れば買って並べたいのだが、肝心なスペースがない。

そこで思いついたのが、座卓の上に並ぶ旧「嫁」のフィギュアを片づけることだった。

長年愛し続けた嫁と別れるのは苦渋の決断だったが、背に腹は替えられなかった。

意を決して座卓の上の旧「嫁」フィギュアを押入れに片づけ、スペースを確保すると、布施谷さんはまもなく、未購入の新「嫁」フィギュアをネットで大量に注文し始めた。

数日後、注文した新「嫁」フィギュアが、布施谷さんの許《もと》へ届いた。
がら空きになった座卓の上に、さっそくフィギュアを並べ始める。
楽しい試行錯誤を繰り返し、二時間ほどで作業を終えると、布施谷さんは座卓の上に綺麗《きれい》に並べた新「嫁」フィギュアたちをしげしげと眺め、至福の時を味わい始めた。

ところがまもなくすると、妙なことに気がついて布施谷さんは首を傾げた。

座卓の向こうに広がる壁の上に、旧「嫁」のポスターが貼られたままになっていた。

B1サイズのそのポスターは、旧「嫁」の立ち姿がでかでかとプリントされたもので、座卓の上に旧「嫁」フィギュアを並べていた時に貼《は》っていたものだった。

フィギュアをしまう際にポスターも一緒に剝がしたはずなのに、おかしいなと思った。つかのま首を捻《ひね》ったものの、記憶違いかと思い直し、改めてポスターを剝がしにかかる。

その瞬間。

ポスターの中から旧「嫁」の身体がぺらりと前へせりだし、布施谷さんに迫ってきた。ぎょっとなって身を引こうとしたが、旧「嫁」はぺらぺらの両腕をすかさず伸ばすと、布施谷さんの肩をがっしり摑《つか》んで伸《の》し掛かってきた。

ふたりはそのままばったりと倒れこみ、そこで意識がふつりと途切れてしまった。

再び気がつくと、座卓の前に仰向けになって伸びていた。
頭上に向けられた視線の先には、壁に貼られたポスターがそのままの形で残っている。

立ちあがって恐る恐る近づいてみたが、ポスターの中の旧「嫁」はぴくりとも動かず、こちらに優しい笑みだけを向けている。

なんだ……夢かと思って、視線をおろしたとたん、ぎょっとなって悲鳴があがった。

座卓の上にずらりと並べた、新「嫁」フィギュアのうち、最前列の中央に飾っていたフィギュアの頭部が、旧「嫁」の首にすげ替わっていた。

その足元には、新「嫁」の生首と、首のない旧「嫁」の身体が無造作に転がっている。すげ替わった首筋を検《あらた》めてみると、頭部と身体の接合部分は、ガスバーナーか何かで溶接されたかのように、互いがドロドロに溶け合って結合していた。

状況を理解した布施谷さんは、ただちに押入れにしまいこんだ旧「嫁」フィギュアを全て引っ張りだして元の場所へ飾り直すと、フィギュアたちの前に深々とひれ伏して、「もう絶対絶対、あの娘《こ》に浮気はいたしません！」と謝罪した。

謝罪が通じたのか、それ以来、布施谷さんの身には何も起きていない。

「そのキャラの台詞《せりふ》で、『私がいなくても、代わりはいるもの』ってのがあるんですが、何だかあれ以来、その台詞を聞くとぞくっと来るんですよね。あれ、深い台詞ですよね。言ってることとやってることが全然違うし。みたいな」

でもまあ、そんなミステリアスなところも含めて、僕は彼女のことが好きなんですが。

そう言って布施谷さんは、のほほんと笑った。

水妖

畜産農家を営む倉橋《くらはし》さんから、こんな話を聞かせてもらった。

今から三十年ほど前、天の蓋《ふた》が抜け落ちたような豪雨が降り注ぐ、真夏の深夜のこと。

倉橋さんが用を足すため、トイレに向かうと、戸外の雨音に混じって足音が聞こえた。

足音は外からではなく、家の中から聞こえてくるようだった。

妻は寝室の布団で寝ていたし、ふたりの子供もそれぞれ自室で眠っているはずだった。

そもそも足音は妻のものではなかったし、子供のものとも明らかに違っていた。

それはべしゃべしゃと濡《ぬ》れそぼった音をたてながら、トイレの角を曲がった先にある、玄関口に面した廊下のほうから聞こえてくる。

どう考えても、不審者としか思えなかった。

しかも音は、こちらへ向かってゆっくりと進んでくる。

たちまち背筋が強張《こわば》り始めたが、倉橋さんも意を決し、暗い廊下を突き進んでいった。

ところが廊下の角を曲がった先には、誰の姿も見えなかった。

一瞬、気のせいだったのかと思いかけたが、暗く染まった廊下の床へ視線を落とすと、

濡れた足跡が玄関口からこちらへ向かって続いているのが、かすかに見てとれた。

やはりいる。

思って身構えかけた、その時だった。

突然、目の前で「ばしゃり！」と濡れた音が鋭く弾《はじ》け、床板の上に水飛沫《みずしぶき》があがった。

飛沫は等間隔で次々とあがり、玄関口へ向かって進んでいく。

信じられない光景だったが、まるで〝目には視えざる何者か〟が、倉橋さんの存在に気づいて、逃げだしていくかのように感じられた。

　どうしようかと考えるまもなく、気づけば倉橋さんも身体が勝手に動きだし、床板に弾ける飛沫のあとを猛然と追っていた。

飛沫は玄関口の三和土《たたき》のところまでほぼ等間隔で続いたが、そこでぴたりと止まった。

だが今度はすぐさま玄関戸の向こうで水音が弾け、遠のいていくのが聞こえた。

　玄関戸を開けると案の定、雨粒が暴れる地面の上を、さらに大きな水飛沫が等間隔に弾けながら遠ざかっていくのが見えた。

死に物狂いで玄関を飛びだし、あとを追っていくと、それは母屋の斜め向かいに立つ車庫の中へと入っていった。すかさず電気をつけるなり、乾いたコンクリートの地面に次々と水飛沫が跳ねあがり、灰色に濡れた足跡ができあがっていくのが見えた。

　飛沫は少しも速度を緩めることなく、車庫の奥へと向かってまっすぐ進んでいった。

だが、いちばん奥まで達したところで「ばしゃぁーん！」と大きな音が盛大に弾けると、目の前の虚空で巨大な水風船が破裂したかのような、凄《すさ》まじい水飛沫が撒《ま》き散った。

飛沫は倉橋さんにも振りかかり、思わず悲鳴があがった。息を荒らげながらかかった飛沫を慌てて拭《ぬぐ》い、視線を前方に向け直す。そこで再び悲鳴があがった。

のっぺりとした車庫の壁面に、男とおぼしき巨大な顔が浮かんで、こちらを見ていた。顔の表面はぬらぬらとした滑《ぬめ》り気を湛《たた》えた質感で、色は焦げ茶色。両目は皿のように丸く見開き、口も叫び声をあげているかのように大きくぱっくりと開かれている。目算で頭の上から顎《あご》の先まで、一メートル近い長さがあった。

よく見るとそれは、泥でできた汚れだった。

どこから湧いてきたともしれない、まるで田んぼの底から掬《すく》いあげてきたかのような、強い粘着質を帯びた泥土が、大きな顔の形を描いて車庫の壁へと付着しているのだった。呆然《ぼうぜん》となりながら車庫の壁に浮かびあがった顔を見つめているところへ、倉橋さんの悲鳴を聞きつけた家族がやってきた。

顔を見るなり家族もみんな、悲鳴をあげて騒然となる。

壁に浮かんだ大きな顔は、倉橋さんが事情を説明している間、溶けるように崩れ始め、あとには濡れた足跡と壁から落ちた泥だけが、車庫の地面に残されたという。

影が行く

夜遅く、仕事を終えた相川《あいかわ》さんが、最寄り駅から自宅へ帰る途中でのこと。

住宅地内の道路を歩いていると、前方のブロック塀に人影が浮かんでいるのが見えた。

近くの街灯に照らされて浮かぶ影は、横向きにまっすぐ立った姿勢で微動だにしない。

輪郭から察して、どうやら髪の長い女性の影だった。スカートらしき形状も確認できる。

影は灰色のブロック塀を黒々と染め、くっきりと浮かんでいた。

だが辺りを見回しても、肝心な影の主が見当たらない。

もしかしたら影ではなくて、落書きかもしれない。

そう思い、塀に向かって近づいていく。

すると影がふいに動きだし、ブロック塀の上を滑るように歩き始めた。

はっとなって追いかけると、影は足の動きを速め、みるみるうちに駆け足になった。

足音はおろか、衣擦《きぬず》れの音さえ微塵《みじん》も立てず、黒い影は塀の上を逃げるように疾走し、ほどなく街灯の光が届かない暗闇の彼方《かなた》へ、溶けるように消えていったそうである。

その正体

深夜、柏木《かしわぎ》さんが仕事帰りに地元のコンビニへ立ち寄った時のこと。

店の前に車を停め、店内へ入ろうとしたところ、視界の端にふと妙な気配を感じた。

振り向くと、駐車場の片隅に車が一台停まっていて、後部座席の窓から小さな子供が三人並んで、こちらに顔を向けている。

いずれも幼稚園児ぐらいの小さな女の子だった。

女の子たちは顔じゅうに小憎らしい笑みを浮かべながら、柏木さんに向かってベロをだしたり、両手を顔の脇でひらひら躍らせたりしている。

運転席はもぬけの殻で、車内にいるのは女の子たちだけだった。

こんな夜更けに子供を連れだし、放《ほ》っぽらかしにする親も親なら、子も子だと思った。

思わずカチンときてしまい、叱りつけてやろうと車へ向かって歩きだす。

柏木さんが足を踏みだし始めてまもなく、女の子たちはにやにや笑いを浮かべながら、窓の下へすとんと首を引っこめた。

無駄なことをと思いながら、そのままずかずかとした足取りで進んでいく。

「おい、ちょっと！」

後部座席の窓へと至り、車内を覗《のぞ》きこみながら鋭い声で怒鳴りつける。

とたんにぎくりとなって、背筋に冷たい粟《あわ》が生じた。

車内の後部座席では、大きな段ボール箱に詰められた市松人形が三体、碁石のような黒い目でこちらをじっと見あげていた。

慄《おのの》きながら踵《きびす》を返しかけたところへ、背後から足音が聞こえてきた。

振り返ると、真っ黒い背広に身を包んだ初老の男が、こちらへ向かって近づいてくる。

「どうかされましたか？」

訝《いぶか》しげな目つきで男に尋ねられたが、返す言葉が見つからない。

「なんでもないです」とだけ答え、平静を装いながらどうにか自分の車へと戻る。

運転席に滑りこみ、車窓越しに向こうの様子をうかがうと、すでに男の車は走りだし、駐車場を出ていくところだった。

車が道路へ出ていく間際、男がこちらにちらりと視線を向けるのが見えた。

ほんの一瞬だったが、その目つきはまるで獲物を威嚇する蛇の目のように冷ややかで、「余計な詮索《せんさく》をするな」という警告のように感じられたという。

大歓迎

数年前のこと。秋のお彼岸に、会社員の根山《ねやま》さんが体験した話である。

その日の午後、根山さんは隣町にある取引先へ向かうため、車で山道を走っていた。

薄暗い山道をしばらく進んでいくと、前方の道路沿いに墓地が見えてきた。

墓地には大勢の人々がごった返していた。

ワイシャツ姿の中年男性に、ちゃんちゃんこ姿の老人、煙が立ち上る線香束を持った女性に、両手にお菓子や花束を抱えた小さな子供たち。

狭い墓地の中に、五十人近い男女がひしめき合うように行き交っている。

お彼岸とはいえ、平日の割に意外と多くの人が墓参りに来るものなのだな。

思いながらその様子を眺めていると、ふいに彼らの顔が一斉にこちらを向いた。

初めはみんながどこか、自分と同じ方向にあるものに視線を向けたのだと思った。

だがしかし、車と墓地との距離が縮まり、彼らの顔がしだいにはっきり見えてくると、やはり彼らは全員、こちらに視線を向けているのが分かった。

ひょっとして、自分の車に何か異常でも起きているのか。

そんなことも考えたのだが、彼らの視線は車ではなく、根山さんに向けられている。

やがて車は墓地の前へと至り、緩やかなカーブを描く道路に沿って、墓地の真ん前を進み始める。

と。それまでこちらをじっと見つめていた人々が、突然にこりと優しい笑みを浮かべ、根山さんに向かって一斉に手を振り始めた。

男も女も子供も老人も、満面に笑みを浮かべながら、まっすぐ突きあげた片方の手をいずれもちぎれんばかりに振っている。

ぎょっとなりながらも視線を離すことができず、彼らの姿に目を釘付《くぎづ》けにされながら走っていると、目の前で爆弾が炸裂《さくれつ》したかのような轟音《ごうおん》が耳をつんざいた。

続いて前半身に重苦しい衝撃が押し寄せ、視界が真っ白に染まって何も見えなくなる。

はっとなって我に返ると、開いたエアバッグの中に顔をうずめていた。車は止まって、視界は斜めに傾いていた。

外へ出て状況を確認したところ、車は緩やかなカーブを描く道路のまんなかを跨《また》いで、対向車線側の路肩に切り立つ土手の斜面に頭から突っこんでいた。

事故の原因は自分のよそ見運転だとすぐに理解できた。

だが同時に、その原因を作った連中に対してもみるみる腹が立ってくる。

今度はどんな顔でこちらを見ているのだろうと思いながら、背後の墓地を振り返ると、墓地には人っ子ひとりいなかったそうである。

『怪談始末』の後始末

私自身の話である。

デビュー作『怪談始末』を執筆していた時のことだった。

執筆作業の大半は、自宅の仕事場でおこなった。

拝み屋の仕事が一段落した夜から深夜にかけて、毎晩黙々と書き続けた。

執筆開始からほどなくして、天井からぶらさがる蛍光灯の引き紐《ひも》が、毎晩くるくると円を描いて揺れ動くことに気がついた。

真冬の寒い時期だったため、部屋には暖房をいれている。

きっと温風に煽《あお》られ揺れているのだと思い、さして気にも留めることはなかった。

執筆が始まって三月余り。締め切り当日の三月下旬、夜の七時ぐらいのことである。

私は刻一刻と迫るタイムリミットに焦りながら、最後の仕上げに取りかかっていた。

エアコンは、その日の明け方近くに電源を切っていた。

前日の昼間からほとんど不眠不休で作業を続けていたため、部屋を暖かくしておくと、眠ってしまうのではないかと危惧《きぐ》したゆえである。

眠気を堪《こら》えつつも、どうにか全ての原稿を書きあげ、データを担当編集者へ送信する。

疲れた両目を擦《こす》りつつ、何気なく天井を見あげた瞬間、はっと息を呑《の》むことになった。

天井からぶらさがる引き紐が、くるくると円を描いて揺れていた。

エアコンは切ってある。寒々と冷えきった仕事場には、風を起こすものなど何もない。

だが、引き紐はそんなことなどお構いなしに、私の頭上でくるくると回り続けている。

もしやと思い、ためしに「もういいよ」と紐に向かって声をかけた。

すると紐は、瞬時にぴたりと動きを止めた。

続いて、エアコンのスイッチを入れてみる。

だが、どれほど風量を強めようと、紐はついぞ動くことはなかった。

どうやら真冬の執筆開始以来、私のそばには誰かがずっといたらしい。

〝視えない相棒〟の退去に「おつかれ」とつぶやきながら、とうとう書きあげたのだと、ようやく私は安堵《あんど》の息を深々と漏らした。

一致

『怪談始末』が世に出て、ひと月後。

六月の終わりあたりに瀬田《せた》さんという会社員の男性から、こんな報告をいただいた。

五月の末頃、腰を痛めた瀬田さんは地元の整形外科病院に入院したのだという。

病室は四人部屋。瀬田さんと同じ、四十代の男性ばかりが同室していた。

若い頃から大の怪談ファンだった瀬田さんは、入院前日に私の『怪談始末』を購入し、病室に持ちこんだ。入院の手続きを終えて病室のベッドに横たわると、腰の痛みも忘れ、さっそく夢中になって読み始めたのだという。

ところが読み始めてまもなく、瀬田さんはぞっと蒼《あお》ざめ、たちまち本を閉じてしまう。

別に、本の内容が恐ろし過ぎたからではない。

文中に書き記されていたある一点の事柄が、瀬田さんに強い衝撃を与えたからである。

ただしそれは、同書を執筆した当の私自身も含め、他の読者にとっては些細《ささい》な意味も成さない、極めて無意味な事柄でもある。

だが、この時の瀬田さんにとってそれは、極めて不穏な意味を持つ事柄だった。

『怪談始末』の前半部分に、「金魚」という題名の掌編が収載されている。

独り暮らしの〝瀬田さん〟という男性が夕食中、怪異に遭遇するという話である。

ページが「金魚」に差しかかった時、瀬田さんは「あ、同じ名前だな」と思いながら、この話を読み終えた。

「金魚」の次は「弾顔」という題名の、深夜のドライブにまつわる話が続く。

この話は〝吉田《よしだ》君〟という若者が体験者として登場する。

「弾顔」の次は〝比嘉《ひが》さん〟という男性がホテルで体験した「苦肉の策」という話。

その次は「蠅」という題名で、会社員の〝三田さん〟が体験した話が綴《つづ》られている。

ここまで読み終えた段階で瀬田さんはふと、奇妙な違和感を覚えた。

最初はそのもやもやの正体が分からず、なんとなく落ち着かない気分を抱えながらも、構わず本を読み進めた。

ところが「蠅」からさらに数話ほど読み進めたあたりで、瀬田さんは突如はっとなる。

「弾顔」に登場する〝吉田〟という名に、なんとなく引っかかりを覚えてはいたのだが、その理由をようやく思いだしたからである。

瀬田さんの隣のベッドに入院していたのが、吉田さんという男性だった。

入院時、同室の患者たちと自己紹介をし合った際、瀬田さんは彼の名を知っていた。

吉田さんの名前を思いだすのと同時に、他の患者たちの名前も次々と思いだしていく。

ここで瀬田さんはぞっと蒼ざめ、すかさず本を閉じてしまった。

瀬田さんの真向かいのベッドにいる患者の名は、比嘉さんといった。

「苦肉の策」に登場する体験者と同じ苗字《みょうじ》である。

さらには比嘉さんの左隣、瀬田さんのベッドから見て斜め向かいのベッドにいたのは、三田さんという男性。

「蠅」を体験した人物と、漢字までまったく同じだった。

別段それ以上、何が起きたわけではない。

単なる偶然と割りきれば、それまでの話ではある。

ちなみに私の本で紹介している怪異の体験者たちの氏名は、全て仮名表記としている。だから無論、瀬田さんと同じ病室に入院していた患者たちは、『怪談始末』に登場する体験者本人などでは決してない。

「ただ、それにしても」と、瀬田さんは語る。

偶然かもしれないとはいえ、同じ怪談本の文中の、しかも連続した四話の流れの中に、自分自身を含めた同室の入院患者たちの苗字が全て一致するなど、普通に考えてみればまずもってありえないことだった。

しかもそんな異様な偶然を生みだしたのは、恐ろしい怪異を延々と綴る怪談本である。理屈など抜きにして、大層薄気味悪かったのだという。

厭《いや》な胸騒ぎすら感じ始めた瀬田さんは、この時点で私の本を読むのをやめてしまった。

　それから少し経って、隣の吉田さんが退院した。数日後、空っぽになったベッドには、入れ替わりに別の男性患者が入院してきたのだという。

　ところが彼と自己紹介をし終えたあと、瀬田さんの頭にまたしても厭な予感がよぎる。

「まさかな……」と思いながら『怪談始末』を開いたとたん、再びぞっとなってしまう。

　新しく入院してきた隣の患者は、名を佐《さ》竹《たけ》さんといった。

『怪談始末』の文中、「蝿」の次には「鳥影」という話が収載されている。

「鳥影」の体験者は〝佐竹さん〟という名なのである。

　結局その後、退院するまでの間、瀬田さんを始め、同室の入院患者たちにそれ以上の異変が生じた事実はない。瀬田さん自身も、無事に腰が治って退院している。

だが、あまりにも気味が悪いものだから退院からまもなくして、わざわざ瀬田さんは私に連絡をしてきたのだった。

「この話、使わせてもらってもいいですか？」という私の申し入れに「いいですよ」と承諾をいただいたので、ここに全容を紹介したしだいである。

　名前に関する怪異の顛末《てんまつ》として皮肉なオチなのだが、この話に登場する瀬田さんが、私の著作にて「実名」で紹介させていただく、大変貴重な体験者となってしまった。

喰ったのか？

『怪談始末』にまつわる話は、他にもある。

一花《いちか》さんという二十代の女性から、メールでこんな連絡をいただいた。

ある日の夜、買ったばかりの『怪談始末』を自室で読んでいた時のことだった。

うつ伏せに寝そべりながらしばらく読んでいると、そのうちのどが渇いてきた。

ジュースでも飲もうと思い、開いたページをうつ伏せにして立ちあがる。

とたんに「すぱーん！」と鋭い音が鳴り響き、開いていた本が勝手に閉じた。

唖然《あぜん》となりながらも、床の上に転がる本を手に取り、中を開いてみる。

そこで今度は、悲鳴をあげることになった。

今しがたまで一花さんが読んでいたページに、大きな蜘蛛《くも》が挟まって潰《つぶ》れていた。

蜘蛛は茶色い体液を絞りだされてぺしゃんこに圧《お》し潰され、紙の上にシールのごとく、べったり貼りついていたという。

「まるで本が蜘蛛を食べたみたいでした。この本、持っていても大丈夫でしょうか？」

こんな不安な質問で、一花さんの報告は結ばれている。

蔵の中　六

時刻はとうとう零時を回った。寒さがますます強まり、肌身が一層がたつく以外には、周囲を染める闇の濃さにも、かすかに感じる気配にも、なんらの変化も生じない。

やはり「読みを間違えたか」と思う。

ただ、その一方で「おかしいな」という思いもあった。

その正体がなんであれ、過去に何度も「出た」という実績があるこの蔵に身を置いて、すでに五時間以上が経っている。決して驕《おご》るわけではないのだが、特異な感覚を有する私がこれほどまでに神経を張り巡らせているというのに、肌身に感じるものといえば、凍《い》てつくような寒さと、幽《かす》かな気配のみである。

やはり「何かがおかしい」という疑念は、払拭《ふっしょく》することができなかった。

それに加えて私は昔から、慣れない他人の家や宿泊施設に泊まると、なぜか高確率で怪異に見舞われるという厭な実績もあった。こうした実績も含めて、独りで蔵に籠《こも》れば絶対何かが起こると思っていたのだが、これは一体どうしたことだろう。

釈然としない気持ちで放心するうち、過去に旅先で体験した異様な記憶が脳裏に蘇《よみがえ》り、私は再び太いため息を漏らした。

備品

二〇一三年十月の終わり頃。

私が第五回『幽』怪談実話コンテストで、大賞を受賞した時の話である。担当編集者から受賞を知らせる電話をいただいた際、「可能であれば近いうちに一度、じかにお会いして話がしたい」という提案があった。奇《く》しくも数日後、神奈川県まで出張相談の予約が入っていたので、予定をすり合わせ、当時は渋谷《しぶや》にあった編集部で面会する運びとなった。

面会当日、朝一番の新幹線で地元駅を発《た》ち、午前の間に神奈川県の依頼先へ到着した。午後二時前には仕事を終え、都内のビジネスホテルを目指して移動を再開する。ところが依頼先を辞去したとたん、じわじわと眠気が差してきた。前の晩、遅くまで仕事をしていたせいでほとんど眠っておらず、東京行きの新幹線に乗りこむ頃には、もうすでにだいぶ眠たくなっていた。

面会は午後六時からの約束だったので、時間にはまだいくらか余裕がある。なるべく早めにチェックインを済ませ、わずかな時間でも仮眠を取っておきたかった。

目的駅に到着すると、地図に記載された道順を頼りに、ホテルを目指して歩きだす。駅前の大通りを進み、まもなく見えてきた脇道を折れた先には、細い坂道が延びていた。地図によれば、目指すホテルはこの坂の上だった。

坂の両脇には飲食店や雑貨屋がびっしりと軒を連ねていたが、店の壁面、ブロック塀、果ては自販機の側面に至るまで、柄の悪い落書きが色とりどりのスプレーでびっしりと、満遍なく吹きつけられており、大層げんなりさせられる。

落書きを横目にしながら坂道を上っていくと、ホテルはすぐに見つかった。

外壁全体が黒ずみ、無数の細いひびが走り、押せばそのまま倒壊するのではないかと訝《いぶか》るほど老朽化の進んだ五階建ての細長いビルが、私の目指していたそれだった。

玄関をくぐると外観に違《たが》わず、中のほうも大層残念な風情を醸していた。

フロント全体に敷かれている、人工芝のごとくどぎつい緑色をしたカーペットを始め、フロントの片隅に並ぶ旧式のマッサージチェアや、古びて錆《さ》びついた牛乳の自販機など、ビジネスホテルというよりは、寂れた民宿に迷いこんだかのような印象を抱かせる。

割り当てられたのは、三階の一室だった。

エレベーターはないと説明されたため、仕方なく狭い階段を使って三階まで上る。

部屋は畳敷きに換算すると、およそ三畳半。

狭くて薄暗い室内には、小さなベッドと、簡素な造りの書物机だけが置かれている。

風呂《ふろ》、トイレ、水道は全室共用のため、室内に水場はない。

その他、冷蔵庫を始め、電気ポット、コップ、時計などの備品も一切なかった。

よく言えば休憩と睡眠に特化した、必要最低限のシンプルな造り。

有体に言うなら恐ろしく殺風景で、貧相な造りの部屋だった。

さらにはよくよく調べてみたところ、部屋には電気コンセントすら存在しなかった。

要するにこの部屋では、携帯電話の充電もさせてもらえないわけである。

他にはどんな不備があるかと思って視線を巡らせると、机の上にぽつんと置いてある赤い表紙の分厚い本が目に留まった。

手に取って検《あらた》めてみれば、なんと仏教事典である。

中を開いてざっと目を通してみる限り、新興宗教系の経典や案内書のたぐいではなく、どうやら正当な仏教の事典であるようだった。

本は傷みがだいぶひどく、表装は両面ともに、細かな擦り傷が幾重にも折り重なって色みが薄れ、表紙の縁全体と背表紙の天地は、ぼこぼこにへこんで歪《ゆが》んでいる。

前の宿泊客の忘れ物かと思いながらページを捲《めく》り続けていくと、やがて奥付に至った。

奥付の下部には、『この本は当ホテルの備品です』と記されたスタンプが押されていた。

別段、寺院が運営しているホテルというわけでもなさそうだったし、なぜこんな物が時計やコップを差し置いて置いてあるのか。まったく意味が分からなかった。

ろくな確認もせずに予約を取ってしまったことを後悔したが、今さら後の祭りである。どうせ一晩寝るだけの部屋だと割り切り、約束の時間まで横になることにした。

携帯電話のアラームをセットしてベッドに横たわり、目を閉じる。

頭の芯《しん》がふわふわと感じる睡魔特有の症状がずっと続いていたため、すぐに眠れると思っていたのだが、予想に反して一向に眠ることができなかった。

仕事で神経が昂《たか》ぶった日にはよくあることなので、今日もそれかと思った。

ため息をつきながらも、なるべく神経を落ち着かせるように努めたが、無駄だった。

横になっては起きあがり、また横になっては起きあがるを何度も繰り返しているうち、眠気よりも苛立《いらだ》ちのほうが募り始め、そのうち眠ることを諦《あきら》めた。

仕方なくベッドの縁に腰かけ、ぼんやり壁を眺めながら、煙草を吸い始める。

元々は真っ白だったらしい壁の色は、長年煙草のヤニに晒《さら》され、侵食され続けた結果、古びた土塀のようなくすんだ黄土色に変わっていた。

挙げ句、壁じゅうの至るところには大小様々な擦り傷、へこみ傷が無数に散見され、ほとんど壁の模様と化している。

ベッドの横から向かい側の壁には、Ｂ６サイズの小さな額縁が掛けられていた。

殺風景なこの部屋における、唯一の彩りといったところだろうが、逆効果だった。

額に収められている絵は、坂道の落書きよろしく、原色の下品な色使いで丸や三角を滅茶苦茶《めちゃくちゃ》に描き殴った抽象画をカラー印刷したもので、おまけに退色もしていた。

その色褪《いろあ》せ具合が、かえってこの部屋の貧小さをますます際立たせ、荒《すさ》んだ雰囲気を増幅させる一助となっているに過ぎなかった。

いわゆる〝出る部屋〟には、額縁の裏側にひっそりと御札が貼られているというのが、旅先の怪談における定番である。

今やすっかり定説となった感もあるためか、最近では額縁の裏に御札を貼ったうえでさらに額縁を壁に釘《くぎ》打ちし、裏面を覗《のぞ》けないようにしている宿泊施設もあると聞く。

どうせ眠れもしないのだし、退屈しのぎにひとつ、馬鹿なことでもしてやろうと思い、ベッドから立ちあがって額縁に手をかけてみる。

額縁は壁に釘打ちされていて、びくともしなかった。

予想外の結果に面食らい、反射的にうしろへ一歩、突かれたように退く。

そこはかとなく厭《いや》な気分になったところへ折り悪く、机の上に置いていた携帯電話のアラームがけたたましく鳴り響いた。思わず「うわっ！」と声をあげ、慌ててアラームを止めにかかる。指先はわたわたと縺《もつ》れ、気づけば心臓が早鐘を打っていた。

時刻は五時二十分。そろそろ編集部に向かうべき時間である。取り急ぎ身支度を整え、なんともすっきりしない気分のまま、私は出かけることになった。

それから三時間ほど経った、午後八時半過ぎ。

無事に担当編集者との面会を果たし、タクシーで再びホテル近辺の駅前まで戻った。

初めはどこか、適当な店に入って夕食を食べようと考えていたのだが、そこへふいにホテルへ続く坂道の落書きを思いだし、結局断念することにした。

遅い時間に戻るには、あの坂道は色々とリスクが高そうだと感じたのである。

仕方なく、帰り道の途中でコンビニへ立ち寄り、弁当を買ってホテルへ戻った。

先ほどの額縁の件も加わり、怪しい部屋の雰囲気になんともいえない居心地の悪さを感じながら、大して美味《うま》くもない弁当を黙々と咀嚼《そしゃく》する。

味気ない夕食を済ませ、そろそろ共用風呂に浸《つ》かって寝ようかと考えていたところへ携帯電話が鳴った。出ると仙台に住んでいる古い馴染《なじ》みの女性客からだった。

対面相談の予約日時に関する打診で、大した用件ではなかったが、本題が終わってもだらだらと取り留めのない会話を重ねるうちに、ついつい話が長引いてしまった。

ベッドの端に腰をおろして話を続けながら、手狭な室内に視線をぼんやりと泳がせる。そこでまたぞろ、とんでもないことに気がついてしまい、再びげんなりさせられた。

薄汚れた部屋のドアを見てみると、ドア板の下側と床の間が五センチほど空いていて、細く空いた隙間から廊下の床が丸見えになっていた。

チェックインしてからずっと、廊下の音がやたらに聞こえてくると思っていたのだが、原因はこれである。まったくもって忌々《いまいま》しい。

その後もずるずると会話が長引き、気づけば二時間以上が経過していた。

コンビニで買った安酒を煽《あお》りながら他愛もない話に興じ続けていると、ふいに電話の向こうが無音になった。

「もしもし」と呼びかけてみるが、応答がない。

　耳元から電話を離して画面を確認してみると、通話時間のカウントが表示されていた。電話はつながったままである。

　念のため、もう一度だけ呼びかけてみるが、やはり向こうからの応答はない。電波が悪いのかと思い、一旦《いったん》通話を切るべく、ボタンを押そうとした瞬間だった。

「きゃーはっはっはっ！　きゃはははっ！　きゃっはっはっはっはははあっ！」

電話口から突然、甲高い女の笑い声が盛大に弾《はじ》けた。

すかさず電話を耳元へ戻し、「もしもし！」と呼びかける。

相変わらず向こうからの応答はなく、電話口では女が大声で笑い続けている。

　それでもしばらく辛抱強く待っていると、やがてぶつぶつとしたノイズ音に混じって、先方の声が途切れ途切れに聞こえてきた。

「なんですかこれ？　なんなんですかこれぇ！」

　どうやら声は向こうにも聞こえているらしく、完全に気が動転している。

　こちらも呼びかけを繰り返すが、笑い声とノイズに邪魔されて、会話にならなかった。

仕方なく、「一旦切って掛け直します」とだけ告げ、通話を終える。

「きゃははは！　きゃはははは！　きゃっはっはっはっはははあー！」

　電話を切ったとたん、私の部屋のすぐ外で、笑い声が弾けた。部屋の雰囲気から薄々感づいてはいたのだが、面倒なことになりそうだと思った。

構わずすぐさま電話を掛け直す。

「……さっきの一体、なんだったんでしょうね？」

電話がつながるなり、不安そうな声色で先方が尋ねてきた。

「きゃっははは！　きゃっはははー！　きゃーっはっはっはっはぁーはぁぁー！」

部屋の前では相変わらず、女が笑い続けている。

ところが彼女のほうは、それに気づく気配がまるでない。

「さあ？　混線でもしたんですかね。……今はもう大丈夫でしょう？」

「きゃははぁっ！　きゃははははっ！　きゃっはっはっはっはっはっはあぁぁー！」

「はい。大丈夫ですね」

彼女は即答した。

手短に別れの挨拶《あいさつ》を告げ、電話を切る。

「きゃはははははははははははははは！　きゃはははははははははははははは！」

時計を見ると、深夜の零時を回っていた。こんな時間に、こんな大声を吼《ほ》え散らかす女が廊下にいるなら、さすがに誰かが駆けつけてくるはずである。

だから多分、この声は私にしか聞こえていない。

無視を決めこみ、寝てしまおうかと考えたが、いざベッドに入ってみると、笑い声は思った以上に耳障りで、一向に眠ることができなかった。

十分ほど我慢したが堪《こら》え切れず、渋々ドアの前へと向かっていった。

「きゃっはっはっはははぁ！　きゃっはっはっはははぁ！」

声は部屋の真ん前、ドアを隔てたすぐ向こうから凄《すさ》まじい声量で聞こえてくる。

ドアの前に立つと、笑い声が部屋に向かって発せられているのが、ありありと窺《うかが》えた。

足元に視線を向ければ、ドアの下側の細い隙間から、黒塗りの下駄《げた》に白足袋《たび》を履いた足が一対、こちらへ向かって爪先《つまさき》を揃えているのが見える。

息を整え、ひと思いにドアを開け放つ。

とたんに笑い声がぴたりと止んだ。

薄暗い廊下に着物姿の女がひとり、私の目をまっすぐ見据えて立っていた。

年の頃は、三十の中頃から終わりほど。

着付けはしっかりしており、深い藍色《あいいろ》の着物に菜種色の帯を巻き、帯の上には朱色の帯締めが結んである。帯の上部からも同じく、朱色の帯揚げが覗いていた。

それらが〝生身の女〟であるなら、それなりに艶《あで》やかな印象を抱けたのかもしれない。

だが、残念ながらこの女はそうではない。

女は異様に髪が長かった。

まっすぐ伸びた黒髪が、着物の両脇を這《は》うようにして足元まで達し、床上に広がった髪の毛は無数の束となって、蛇のようにどろどろと方々にうねっていた。

先刻までの異様な大笑いが嘘のように女は一転、唇をまっすぐ結んで押し黙っている。

顔も無表情で微動だにせず、棒立ちになって私の目をじっと見据えている。

女の眼球は、葛湯《くずゆ》に浸した団子のように、どろどろとした粘り気を帯びて光っていた。髪の間から覗く面は真っ白で、獣の脂身を思わせるおぞましい色みを浮かべている。

「祓《はら》えますか？」

がさがさに乾いた唇が傷口のごとくじわりと開き、女が唐突につぶやいた。

こちらの回答を促すかのように、丸く見開いた眼球がぎょろぎょろと気忙《きぜわ》しく蠢《うごめ》く。

「拝んでもらえますか？」、もしくは「供養をしてもらえますか？」なら、まだ分かる。

「祓えますか？」とは要するに、「お前に私をどうにかできるか？」という意味だろう。

昨夜からずっと働きづめで、そろそろ眠気もピークに達していた。思わずかっとなり、「予約してから来い」と吐き捨て、そのままドアを閉めた。

電気を消してベッドに潜りこむ。

正体さえ分かれば、あとはもうどうでもいい。

基本的に依頼主が不在の加持祈禱《かじきとう》はやらない主義である。出先で見かけた怪しい者をいちいち相手にしていたのではキリがない。

実害がなければ無視を決めこめばよいだけだし、それにひどく眠たくもあった。

あくまで平静を装い、布団にくるまって目を閉じることにする。

「きゃっはっはっはっはははあ！　きゃっはっはっはっはははあ！」

だがそこへ、再びドアの向こうから甲高い笑い声が始まった。

うんざりした気持ちになりつつも、構わず無視を決めこんで寝返りを打つ。

しばらくすると笑い声がふいに止み、代わりにかさかさと乾いた音が聞こえてきた。

薄目を開けて様子を見るなり、たちまちぎょっとなってベッドから飛び起きる。

細く空いたドアの下の隙間から長い黒髪の束が何十本も、蛇のように這いずりながら部屋の中へと入りこんできていた。

どうやら向こうは、完全に〝やる気〟でいるようだった。

祓えますか？

先刻、女が発したひと言が、頭の中で反芻《はんすう》された。

無論、本職なので、何がしかの対応はできると思う。

だが、たとえそうであっても癪《しゃく》だった。

こんな深夜に孤立無援で、あんな気味の悪い女の相手をするなどまっぴらご免である。

痺《しび》れを切らして迎え撃ち、向こうの思う壺《つぼ》になるのも腹立たしかった。

ただ、あれこれ思いを巡らすうちにも、髪はベッドへ向かってにじり寄ってくる。

「きゃははっ！　きゃははっ！　きゃっはっはっはっははははあ！」

勝ち誇ったような女の高笑いが再び聞こえ始め、焦りと苛立《いらだ》ちが募り始める。

何かいい手はないかと考えているところへ、ベッド脇の机に置かれた本が目に入った。

例の怪しげな仏教事典である。

とっさに事典を掴《つか》みあげると、今や無数の黒髪でたっぷりと溢《あふ》れ返り、濁流のごとく波打っているドアの隙間目がけて、思いっきり投げこんでやった。

とたんに笑い声が止み、髪も盛大な音を立てながら、ドアの向こうへ引いていった。

頃合を見計らい、電気をつけて室内を見渡す。

髪の毛は一本残らず綺麗《きれい》に消え失《う》せ、廊下の気配も、声も、完全に消えていた。

深々とため息を漏らし、ドアの前に転がっていた仏教事典を拾いあげる。

そこでようやく全てが呑《の》みこめ、思わずぽんと膝《ひざ》を叩《たた》いた。

外装がへこんで傷だらけになった仏教事典。壁の至るところについた荒々しい傷跡。

そして事典の奥付に捺印《なついん》された、『この本は当ホテルの備品です』のスタンプ。

なるほど、と思った。

投げて使うのだ。

宿泊の晩には何よりも役に立つ、最高に実用的でありがたい備品だったわけである。

部屋にコップや時計がないのは、下手に投げつけられると壊れるからだろう。

とりあえずこれでもう大丈夫と判断し、私は再びベッドへ潜りこんだ。

それから一時間ほど経った頃。

隣の部屋で「ぶわっ！」という男の短い叫び声のあとに、何かが壁にぶつかるどん！という音が一度聞こえた以外は、特に変わったことは起こらなかった。

おかげで私は、翌朝までぐっすり眠ることができた。

キッス

旅にまつわる怪異といえば、こんな話も聞いたことがある。

秋の行楽シーズンに栗田《くりた》さんは、彼女とふたりで山間《やまあい》の温泉ホテルへ出かけた。

車でホテルへ向かう道中、鮮やかな紅葉に色づく山の中を走っていると、少し離れた前方の道端に、木造の古びた小屋が建っているのが目に入った。

犬小屋よりも一回りほど大きな造りで、経年劣化で色褪せた屋根は、緩やかな山形を描いて尖っている。道路に面した前側には壁がなく、中ががら空きになっていた。

雰囲気から察して、どうやらお堂のようだった。

距離が縮まっていくと、お堂の中に人形が一体、ぽつんと座っているのが見えてきた。

三歳児ぐらいの背丈をした男の子の人形で、丸みを帯びた黒髪に、絣《かすり》の模様が入ったちゃんちゃんこを着ている。

人形の前には、お供え用とおぼしきお菓子やジュースの缶がずらりと並んでいたので、おそらく何かの供養でお祀《まつ》りされている人形なのだと察した。

ならば神妙な心持ちで見るのが礼儀だと、普段の栗田さんなら思うのである。

だが、この時だけは無理だった。

どういうわけか人形の顔は、眉毛《まゆげ》がハの字に垂れさがり、唇が尖《とが》って突きだしていた。その表情はどうがんばっても、いやらしい子供がキスをせがんでいるようにしか見えず、人形の顔が視界を直撃した瞬間、盛大に噴きだしてしまった。

甚だ不謹慎だとは承知しつつも、彼女も同じく笑いだしてしまったので、駄目だった。

その後、車内ではしばらくの間、人形の顔がいかに不細工だったかについての話題が、けたたましい笑い声とともに飽きることなく続けられることになった。

そうして腹の皮がよじれるほどに笑い疲れた頃、ようやくホテルに到着した。

チェックインを済ませて部屋に入ると、彼女が栗田さんから受け取った上着と一緒に自分の上着を掛けるべく、クローゼットの戸を開けた。

とたんに中から何かがずるりと落ちてきて、彼女の顔に思いっきりぶつかった。

鈍い音を立てながら、床の上に転がり落ちたそれを見てみると、先ほどの人形だった。ふたりとも悲鳴をあげて飛びあがる。

真っ青になった彼女の顔を覗《のぞ》きこむと、唇の端が切れて血が滴っていた。

多分、人形の唇が当たったのだと彼女が言う。

すぐにフロントへ連絡を入れて人形を回収してもらったものの、平謝りする従業員をふたりともひと言も責めることができなかった。

翌日、チェックアウトを済ませたあと、帰り道はどうしようかと話し合った。

お堂に人形がまたいたら怖いと思ったし、いなくてもやはり怖いと思った。

ただ、どちらであっても真相を知りたいという気持ちもあり、ふたりは勇気をだして、再びお堂が建つ山道へ車を走らせることにした。

結果として、人形はいた。

昨日と同じ恰好《かっこう》でお堂の中に鎮座ましまし、こちらに向かってハの字に眉《まゆ》を垂れさげ、キスをせがむように唇を尖らせていたという。

今度はくすりとさえ笑うことができず、ふたりは無言でお堂の前を通り過ぎたという。

ばん！

前話と手触りが少し似ていて、やはり旅先にまつわる話をもう一話。

静流《しずる》さんが仲のいい友人と、海辺の民宿へ泊まりに行った時の話である。

夜になって割り当てられた二階の部屋でくつろいでいると、花火の音が聞こえてきた。

カーテンを開けて窓から外を見おろしてみれば、前庭で民宿の子供たちが楽しそうに花火をしている姿が見えた。

風情があっていいなと思い、窓から眺めさせてもらうことにする。

窓には網戸がなく、虫が入るといけないので、窓を閉めたまま花火を眺め始めた。

そこへ突然、目の前の暗闇から「ばん！」と鋭い音が轟《とどろ》いた。

何事かと驚いて前方に目を凝らすと、窓ガラスのまんなかに分厚い唇の形をした跡が、べったりと貼りついていた。唇の両脇には、手のひらの跡もくっきりと張りついている。

足場もない二階の窓にそんなことができるはずもないのだが、湿った唇と両手の跡は、ガラスの向こう側にあったのだという。

交代

恭子《きょうこ》さんが、お盆に東北の実家へ帰省した時のこと。

満席状態の新幹線に乗りこみ、自分の席に着いてしばらくした頃、ふと前方の視界に妙なものを見つけた。

自分の席から五メートルほど離れた中空に、薄白い靄《もや》のようなものが漂っている。

一瞬、煙か蒸気だろうと思ったのだが、それは上に向かって昇っていくわけでもなく、どこかへ向かってたゆたうわけでもなく、ずっと同じ場所に留《とど》まっている。

形はわずかに細身を帯びた楕《だ》円《えん》形で、長さは三十センチほど。

それが形を崩さず、もやもやと輪郭だけを揺らしながら宙に留まっている。

腰を浮かせてさらに様子を窺《うかが》ってみると、靄は恭子さんの座る席から七つほど離れた、通路側の座席の背もたれから突きだすように浮かんでいた。

やはり煙でも蒸気でもなさそうで、見れば見るほどなんなのか分からなくなってくる。

興味が湧いてきたところへ、トイレに行きたくなってきた。立ちあがって通路を進み、靄のほうへと近づいていく。距離がどんどん迫っていっても、靄はその場で変わらず、同じ形を保って揺らめいていた。

やがて靄が立ち昇る座席の真横まで至ると、さりげなく首を動かして仔細《しさい》を窺った。

とたんに、靄の中に並んだふたつの目玉と視線が重なり、ぎょっとなる。

靄は座席に座って眠る若い女性の背中から、湯気のように揺らめきながら伸びていた。

同時に、先ほど座席から見えた楕円形の輪郭は、頭に当たる部分だと分かる。

靄は髪の長い女の姿をしていた。それが、眠る女性の背中から上半身だけを突きだし、ゆらゆらと揺らめいているのである。

女の顔からすかさず視線をそらすなり、そのまま足早に通路を突っ切って、トイレの中へ駆けこんだ。がたがた震えながら用を足し終えたものの、自分の席へ戻るためには、再びあの女の前を通らなければならない。

どうしようかとさんざん悩んだ末にようやく意を決して、トイレのドアを開ける。

その瞬間、開け放たれたドアの向こうから、真っ白いものが飛びこんできた。

あの女の顔だった。

女の顔が鼻先までぐわりと迫ると同時に、恭子さんは意識を失ってしまった。

乗務員に起こされたのは、それから十分ほど経った頃だった。

身体が少しふらついたけれど、どうにか歩けそうだったので、乗務員に付き添われて自分の座席へ戻った。その途中、先ほど女が揺らめいていた座席を恐る恐る見てみたが、席には若い女性が眠るばかりで、女は姿を消していた。

ところが安堵《あんど》したのもつかのま、それからしだいに恭子さんの意識は朦朧《もうろう》となり始め、目的駅へ到着する頃には、歩くのもようやくという状態になっていた。

迎えにやって来た実家の両親に頼んで病院へ連れていってもらうと、四十度を超える高熱が出ていることが分かった。しかし原因は、はっきりしない。

それから三日ほど、実家で横になっていたのだが、熱は一向に引く気配がなかった。さらに二日ほど経ち、恭子さんから新幹線の中で起きた一件を聞かされていた両親が、地元の拝み屋へ相談に行くと、「間違いなくとり憑《つ》かれている」と言われた。

即日、藁《わら》にも縋《すが》る思いで、両親が自宅に招いた拝み屋にお祓《はら》いをしてもらったところ、その夜から熱は嘘のように引いた。

恭子さんは不幸中の幸いだったと語っているが、その後は外で妙なものを見かけても、絶対関わらないようにしたいそうである。

お呼びでしょうか？

村木《むらき》さんと友人たちが夏場、山奥のロッジへ泊まりに出かけた時のこと。

夕方から外でバーベキューを始めたのだが、暗くなっていくにつれて藪蚊《やぶか》や蛾《が》を始め、得体の知れない虫が大量に飛んでくるようになった。

うっかりしていて防虫グッズも買い忘れてしまったため、彼らの襲来を防ぐ術《すべ》はなく、仕方なく村木さんたちは、ロッジに入って夜を過ごすことにした。

山深い立地とあって、周囲は鬱蒼《うっそう》とした森が広がるばかりで何もない。他のロッジに泊まっている客もいないようで、辺りは水を打ったように静まり返っていた。

しばらくの間、酒盛りをしながら雑談に興じていたのだが、そのうち友人のひとりが「せっかくのムードだし、怪談話でもしようぜ」と言いだした。

面倒くさいとは思いながらも、初めに友人が語った話が意外に怖くて面白かったので、それが呼び水となって、友人たちの口から次々と怪談話が飛びだした。

夢中になって話をしていると、時間はあっという間に過ぎてゆき、気づけばそろそろ深夜一時を回ろうとしていた。酔いもだいぶ回ってきていたし、そろそろお開きにして寝ようと思い始めた時である。

静まり返った戸外から、ふいに足音が聞こえてきた。

耳を澄ませて聞いてみると、ロッジの裏に面した森の中から聞こえてくるようだった。草深い森の地面を踏みつける湿った足音が、木々の葉を掻《か》き分ける乾いた音と混じって遠くのほうからかすかに、だが確実に聞こえてくる。

村木さんが話すと、友人たちもすぐに気づいて耳をそばだてた。

やはり間違いなく、聞こえるという。

それもこちらに向かって近づいてきていると、みんなが口を揃えて答えた。

その証拠に、足音はしだいに大きくなってくる。足音はみるみるうちに森を抜けだし、ロッジの裏に広がる草地のほうまでやってきた。

音の様子から察して動物ではなく、人間のようだった。

だが、こんな夜中に森の奥から一体、どんな人間がやってくるものだろうと考える。

みんなで窓へと近づき、カーテンを開けて戸外に目を凝らす。

ところが、目の前にはのっぺりとした闇が広がるばかりで、足音の主は見当たらない。ただ、何者かが地面を歩く不穏な足音だけが盛んに聞こえてくるだけである。

慄《おのの》きながら様子を窺っていると、足音はロッジの裏から横手に向かって移動した。

こちらも横手の窓から外の様子を見てみたが、やはり姿は見当たらない。

足音はさらにロッジの横手を突っ切り、今度は正面のほうへと移動した。

もしかしたら中に入ってくるのではないかと思い、背筋が冷たくなってくる。

だが足音は、ロッジの入口辺りまで来たところで、ふいにぴたりとやんでしまった。硬直しながら身構えていたが、再び音が聞こえてくる気配はない。もしかしたら、入口ドアの向こうにでも立っているのではないか。そんなことも考え、恐る恐るドアを開けてみるも、外にはやはり誰の姿も見当たらなかった。

警戒しながら耳をそばだてても、やはり足音は聞こえてくることはない。

それからまもなく、誰とはなしに「やばそうだから、もう寝よう」という声が出始め、それぞれが自分のベッドに向かい始めた。村木さんも同じ意見だったが、寝る前に用を足そうと思い、部屋の隅にあるトイレに向かった。

眠い目を擦《こす》りながら便器の前に立って用を足していると、ふいにうしろから女の声で、「ねえ」と呼びかけられた。

振り返ると、逆さまになった女の顔が目の前にあって、村木さんに笑いかけていた。

悲鳴があがると同時に腰が抜け、その場に尻餅《しりもち》をついて倒れたが、再び顔をあげると、女の姿は消えていた。

トイレから飛びだすなり、村木さんは友人たちに撤収を宣言し、真っ青になりながらみんなで暗い山道を車で下り始めたという。

だから誰？

鈴音さんが大学時代、友人たちと旅行へ出かけた時のこと。

宿泊先の旅館で暇を持て余した鈴音さんたちは、スマホで動画を観ることにした。選んだのは、前から気になっていたアメリカのコメディ映画。布団の上に友人たちと並んで寝そべり、鈴音さんが手にしたスマホで観始めた。

映画は期待していた以上に面白く、みんなの口からたびたび大きな笑いが巻き起こる。友人たちと楽しく感想を語らいながら、鈴音さんは夢中になって画面に観入った。

「そんなにヒイヒイ笑うぐらい面白い？　あたしは大したことないと思うけどね」

しばらく映画を観ていたところへ、目の前の枕元に割烹着《かっぽうぎ》姿のおばさんが腰をおろし、画面を観ながらぼそりとした声で言った。

「え？　面白いよ。ていうか、途中から観るから大したことないって思うんだよ」

顔をあげて返した鈴音さんの言葉におばさんは顔をしかめ、呆《あき》れたそぶりで頭《かぶり》を振る。

「どっから観たって笑えないものは笑えないよ。あんたの何倍生きてると思ってんの？　笑いの良し悪しぐらい、年の功ですぐに分かってしまうんだから」

いかにも人を見下げたおばさんの言葉に、鈴音さんは少しむっとなる。

「何倍ってくらい生きてるわけじゃないじゃん。せっかく人が楽しんで観てるんだから、邪魔しないでよ。つまんないって思うんならどっかに行って」

「あっそう。だったらいいわ。もう言わない。お望みどおり消えますから！」

鈴音さんの抗議に、おばさんは大きく目を見開くと、すっと立ちあがって踵《きびす》を返した。

そして畳の上をずかずかとした足取りで進み、押入れの戸を勢い任せに大きく開いた。

真っ暗で何も見えない押入れの中におばさんの背中が消え、後ろ手で戸が「ぱん！」と乾いた音をたてて閉じられる。

とたんに部屋の空気が、水を打ったように静まり返る。

「ねえ……今の人、誰？」

友人の言葉に鈴音さんもようやくはっとなり、たちまち顔が真っ青になる。

今の今までまったく気づかなかったけれど、まったく知らないおばさんだった。

ていうか、小さい頃にもこんなことがあったっけ。

友人たちと押入れの前へ向かい、恐る恐る戸を開けてみる。

中には畳んだ布団が入っているだけで、おばさんの姿はどこにもなかった。

とたんにみんなの口から悲鳴があがり、部屋から一目散に飛びだした。

おばさんの正体は、未《いま》だに分からないままだそうである。

何もなかった

十年ほど前、唯子《ゆいこ》さんが地方に旅行へ出かけた際にこんなことがあった。

日中、宿の近くを散歩していると、道の片側に広がる森の中に小さな鳥居が見えた。

せっかくなのでお参りさせてもらおうと思い、鳥居に向かって進んでいく。

鳥居の前に立って向こう側を覗《のぞ》くと、長い石段が延びていて、その先に小さな拝殿が建っているのが見えた。深々と一礼し、中へと足を踏みだす。

ところが鳥居をくぐり抜けた瞬間、顔じゅうをがさがさとした鋭い感触にまさぐられ、視界が何かに遮られた。

仰天しながら両手で顔の前を振り払うと、前方には鬱蒼とした樹々が生い茂っていた。

辺りへどれだけ視線を巡らせてみても、石段も拝殿も見当たらない。

はたと背後を振り返れば、今くぐり抜けたはずの鳥居も消え失《う》せていた。

枝葉を掻き分け道まで戻り、再び鳥居を探してみたものの、目の前には見渡す限りの深い森が広がるばかりで、鳥居は二度と見つからなかったという。

そして誰もいなくなった前

私と真弓が結婚する、数年前の話である。

秋口に、当時付き合い始めてまだまもない真弓と、東北の某所へ車で旅行に出かけた。

街中の至るところから湯煙が立ち昇る、ある温泉街の交差点に差しかかった時だった。

信号待ちのさなか、横断歩道の端に着物姿の女が三人、立っているのが目に留まった。

着物の柄は全員同じ。黄色い生地に、白い花がつつましく咲いている。

髪型も同じ。黒髪を肩口辺りまで下ろし、前髪は横一文字に切り揃えられている。

三人は縦一列に並び、先頭からうしろに向かって、階段状に背が縮んでいた。

いちばん先頭に立っているのは、三十代前半ぐらいの女性。まんなかが十歳くらいの女の子。いちばんうしろが五歳くらいの小さな女の子である。

背恰好《かっこう》や年代から判断するに、どうやら三人は母子《おやこ》のようだった。

旅館の関係者、あるいは芸妓《げいぎ》か何かをしている母子かなと思う。

助手席に座る真弓も母子の姿に気づいたらしく、「着物、綺麗《きれい》だね」と微笑んだ。

三人はつかのま、その場に佇《たたず》んでいたが、やがて静々とした足どりでやはり縦一列に、横断歩道をゆっくりと渡り始める。

そのままぼんやり見つめていると、列のまんなかを歩く女の子が、先頭を歩く女性の背中に両手をまっすぐ差し伸ばした。

そのうしろを歩く小さな女の子も、前を歩く女の子の背中にすっと両手を差し伸ばす。

ちょうど、前ならえと同じ姿勢である。

「ふざけてる。かわいいね」

真弓が鼻を鳴らして、くすりと笑う。

うん、と相槌《あいづち》を打ったところで、真弓の顔から笑みが失せた。

前方に向き直った私の顔からも、喜怒哀楽の一切が消える。

ふたりの女の子の両手が、それぞれ前方を歩く着物の背中へずぶずぶと刺さっていく。

一瞬、脇の下にでも挟みこんだのかと思ったが、そうではなかった。

そのまま見入っていると腕はさらに深々と、前方の背中へ突き刺さっていく。

指が消え。手のひらが消え。手首が消え。肘《ひじ》が消える。

それでも腕の先が、前方を歩く着物の脇から出てくる気配は、一向にない。

両腕が肩口の辺りまですっぽりとめりこんでからは、あっというまだった。

先頭を歩く女性の背中に、ふたりの女の子の前半身が吸いこまれるように消えていく。

胸が消え。頭が消え。腹が消え。足が消え――。

そしてついには、完全に消えた。

先頭を歩く母親らしき女の背中へ、ふたりの女の子の身体が完全に呑《の》まれてしまった。

あとに残ったのは先頭を歩いていた女、ひとりだけである。

女は交差点のまんなか辺りで立ち止まると、ふいにこちらを振り向いた。

呆気《あっけ》にとられる私たちへ背筋のざらつくような笑みを浮かべるなり、女は辺り一面に立ち昇る湯煙のごとく、その場ですっと姿を掻き消してしまった。

そして誰もいなくなった　中

温泉街で気味の悪い〝前ならえ〟を見せられた、翌日のこと。

観光地として有名な、とある湖に私たちは足を延ばした。

朝早く宿を出発した頃から、空はだいぶぐずついていたのだが、湖に到着する頃にはさらさらと小雨の降りしきる嫌な天気になっていた。

楽しみにしていた湖も、気温の影響で一面に濛々《もうもう》と白い靄《もや》が立ちこめている。

鉛色に曇った空の色と薄白くぼやけた湖の光景は、なんだかあの世にでもいるような印象を抱かせる。

傘を差しながら岸辺を少し歩いてみたが、天気のせいで気分が乗らなかった。

足どりが鈍くなり始めたところへちょうど、灰皿の設置された小さな東屋《あずまや》を見つけた。少し休憩することにする。真弓は近くの売店を覗きたいと言って、駆けだしていった。

薄白く煙る湖面を眺めながら、独り漠然とした心地で煙草を吹かし始める。

大きな湖だったが、頻降《しきふ》る小雨と霧の織りなす仄白《ほのじろ》さに、前方は塗り潰《つぶ》されたようにのっぺりと覆われ、向こう岸がまったく見えない。

湖というよりは、白い絶壁を見ているような気分にさせられる。

そんなものを見ているとますます気が滅入《めい》りそうだったので、視線を移すことにした。

岸辺のほうを見やると水際に女がひとり、しゃがみこんでいるのが目に入る。

こちらは上着を着ていても肌寒いというのに、女は白い薄手の着物姿だった。

おまけに傘も差していない。

肩口までまっすぐ伸びた黒髪が、雨風に煽《あお》られさわさわと少し横になびいている。

女はこちらに背中を向けてうつむき、湖面をじっと見つめているようだった。

何を見ているのだろうと思い、女の視線とおぼしきほうへ、そっと目を凝らしてみる。

黒々と濁った水面は、小雨の打ちつける無数の波紋と、盛んに吹きつける雨風の力でどろどろと生き物のように波打っている。しかし他には別段、何が見えるわけでもない。

前方に広がるのは、ただそれだけの光景である。

女はどうせ、この世の者ではないのだろう。ひと目見た瞬間に、勘づいていた。

薄白く煙る寒空に、黒々と濁り蠢《うごめ》く冷たい湖面。岸辺にしゃがみこむ白い着物姿の女。

それもこの世ならざる、得体の知れない女。

陰鬱《いんうつ》な光景だった。やはりあの世に足を踏みこんだような気分にさせられる。

みるみる暗い気分になり、重いため息を吐きだした時だった。

目の前の湖面が突然、ざばざばと水しぶきをあげ始めた。

ちょうど女がしゃがみこんでいる、そのすぐ前方である。

魚でも跳ねるのかと思い、岸辺の様子を黙って注視する。だが違った。

水の中から飛びだしたのは、小さな女の子の顔だった。

続けざまにもうひとつ、湖面に飛沫《しぶき》が立ちあがる。やはり小さな女の子が顔をだした。

見覚えのある顔だった。

ふたりは濁った水面に白波をたてながら、女がしゃがむ岸辺まであがってくる。

十歳ぐらいと五歳ぐらいの女の子。

髪型は岸辺の女と同じく、肩口で切り揃えられている。

間違いない。昨日、温泉街の交差点で出くわした、あの子供たちだった。

違いがあるのは湖からあがってきたふたりが、今日は素っ裸だということだけである。

ならば岸辺にしゃがみこんでいるあの女も、やはり昨日と同じ女なのだろうと思った。

昨日とは着ている着物の色こそ違っているが、そう思うと髪型も背恰好も、私の目には同じに見えた。ただし温泉街と湖の距離は、およそ五十キロも離れている。

ついてきてしまったのか……。

不穏な推測に思いが至ると、ますます気分は暗晦《あんかい》なものになった。

ずぶ濡《ぬ》れの女の子ふたりは岸まであがりきると、着物姿の女に寄り添った。ふたりは女の傍らでぴょんぴょん飛び跳ねたり、女を軸にぐるぐる駆け回ったりしながら、女に向かってしきりに何かを語りかけているようだった。

やがて女も立ちあがると、三人は女をまんなかにして横並びに手をつなぎ始めた。

そのまま湖面に向かって、ゆっくりと歩きだす。

冷たい湖水にどっぷりと身を浸《つ》からせ、三人並んで水の中へと沈んでいく。

腰まで浸かっていた身体はすぐに胸元まで浸かり、肩が、首が、耳が、黒々と波立つ水の中へと呑みこまれていく。

とうとう頭のてっぺんまですっかり沈んで姿が見えなくなると、三人はそれっきり、二度と岸へとあがってくることはなかった。

暗く濁った湖面には、三人が残した大きな波紋だけがさわさわと静かに揺れている。

その場に呆然《ぼうぜん》と佇《たたず》む私の許《もと》へ、買い物を終えた真弓が戻ってきた。

湖を撮影しようとしていたので、「やめたほうがいい」と言って、私は止めた。

そして誰もいなくなった後

湖を南下し、その晩は街場からだいぶ離れた、山間《やまあい》の小さな旅館に泊まった。

旅館といっても民宿に毛の生えたような雰囲気で、宿室も八畳一間の狭い造りである。

周囲は古びた雑貨店や酒屋がぽつりぽつりと立ち並ぶばかりで、あとは田んぼと畑が延々と広がるのみ。ひま潰しに観光できるような施設は、辺りに何ひとつ見当たらない。

だから夕食を済ませ、風呂《ふろ》に入ってしまうと、特にやることもなくなってしまった。

しばらくは貧相なつまみを当てに、真弓とふたりで細々と酒盛りを楽しんでいたが、旅の疲れに酔いが回ると、眠気が差すのも早かった。

結局、早々と布団へ潜りこむと、そのまま墜落するように眠ってしまった。

翌朝、真弓に肩を激しく揺さぶられ、目が覚めた。

なんだと思って起きあがると、半泣きになった真弓が枕元で身を震わせている。

「なんか、ついてきたみたい……」

唇をわなかせながら、カーテンを閉めきった窓のほうを指さす。

つい今しがたのことだという。

早々と目覚めた真弓がカーテンを開けると、窓の向こうに一昨日、温泉街で見かけたあの母子《おやこ》の姿があった。

旅館の裏手に面した畑の中で肩を寄せ合い、何やら話しこんでいるような様子だった。着物の色は三人とも浅葱《あさぎ》色《いろ》。着物の色は違っていたが、髪型と背恰好《かっこう》を一目するなり、すぐに同じ母子だと察した。

まずいと思い、カーテンを閉めようとしたが、遅かった。

カーテンに手をかけたとたん、三人がこちらへ一斉に顔を向けた。

すかさずカーテンを閉め、それから私を起こしにかかったのだという。

寝ぼけ眼で布団を抜けだすと、真弓が私の背中にぴたりと貼りついた。

勢いよくカーテンを開け放つと、もうすでに母子の姿はどこにも見当たらなかった。

ひとまずほっと安堵《あんど》の息を漏らしたところへ、真弓の言葉がぐさりと胸に突き刺さる。

「あなたと一緒にいると、変なものばっかり見せられる……」

背後でぐずつく真弓のひと言に、私はなんとも返答に窮してしまった。

それでも不幸中の幸いと言うべきだろうか。得体の知れない母子はこの一件を最後に、私たちの前に再び姿を現すことはなかった。

蔵の中　七

「あなたと一緒にいると、変なものばっかり見せられる……」か。

今でも真弓のこの言葉を思いだすたびに、私は胸苦しい気持ちになってしまう。

確かに仕事柄、私と怪異は切っても切れない縁にあるし、自宅で仕事を営む関係上、夫婦という縁で結ばれた真弓にも、時として奇怪な累が及んでしまうこともある。

だから常々、申しわけないとは思っているのだ。本当である。

でもね、真弓。

確かに怖い思いをさせてしまったこともあるけれど、思いだしてほしい。

奇怪な体験をしながらも、時にはふたりで笑い合ったこともあるはずである。

私はそんな出来事のひとつひとつも、ふたりの大事な思い出として心に留《とど》めている。

思いながら私は、再び暗がりの向こうを見つめ、懐かしい記憶を巡らせ始めた。

みんなで視たね

お不動さんからほど近い、山の麓《ふもと》の一軒家に暮らし始めて三年目。

二〇一四年の秋口に、私たちの家族が増えた。

少し前、実家に迷いこんできたメス猫が子供を産んでしまい、母から一匹でいいから、生まれた子猫を引き取ってもらえないかと連絡があった。

我が家にはすでにペルがいるので気は進まなかったのだが、話を聞いた真弓のほうはすっかりその気になってしまい、「欲しい、飼いたい！」と目を輝かせた。

仕方なく子猫を見せてもらいに実家へ向かい、いろんな柄の揃った子猫たちの中から、真弓は全身真っ黒なオスの子猫を選んだ。

トミーと名付けられた黒猫は、その日から私たちの新しい家族となった。

トミーを我が家に迎え、ひと月ほどが経った頃だった。

夕暮れ時、仕事場で原稿を書いていると、そわそわした様子で真弓がやって来た。

「トミー、外に出ちゃった……」

今にも泣きだしそうな顔で真弓がこぼしたひと言に、私もたちまち凍りつく。

トミーはまだ幼いため、我が家に迎えて以来、外にはださないようにしていた。

ペルのほうは、すでに外出するのが習慣となっているので、今さら仕方がなかったが、病気や怪我のリスクもあるし、トミーはずっと家の中だけで飼うつもりだった。

真弓が言うには今しがた、忘れていた洗濯物を取りこむため、玄関戸を開けた瞬間にトミーが足元をすり抜け、飛びだしてしまったのだという。

「家の脇のほうに走ってった」と、真弓が言った。

真弓の言葉に従い、ふたりで玄関を出て、前庭から母屋の横手のほうへと向かう。

幸いにも、トミーの姿はすぐに見つかった。

母屋の西側に面した地面に身を伏せ、目の前に広がる茂みをじっと見つめている。

何を見ているのだろうと思うと同時に、トミーの身に起きている異変にも気がついた。背中の毛がヤマアラシよろしく逆立ち、尻尾《しっぽ》がぶわりと大きく膨らんでいる。

「え？　何かいるのかな……？」

傍らでトミーと茂みを交互に見つめながら、真弓が不安そうな声でつぶやいた。

そこへ背後から、枯草を踏みしめる音が聞こえた。振り返ると、ペルも外に出てきて私たちから少し離れた地面に座りこみ、トミーの様子を静かに見つめ始めた。

尋常ならざるトミーの様子から察して、茂みの中に何かがいるのは明白だった。

果たして狸か蛇か、それともイタチかハクビシンだろうか。〝ご近所さん〟の候補が多すぎて正体を絞りきれなかったが、なるべく穏やかな奴であって欲しいと思う。

及び腰になりながらも、猫へと向かって静かに足を踏みだしていった。

とたんに茂みの中からがさがさと乾いた音が聞こえ、何かがひゅっと飛びだしてきた。

それは人の頭と同じくらいの大きさをした、煙のようなものに見えた。

反射的にこちらが身構えるなり、煙はトミーの頭上で「ぼん！」と音をたてて弾《はじ》けた。

ほんの一瞬だったが弾ける刹那《せつな》、それは白髪頭の老婆の首に見えた。

凝然となって煙が消えた虚空に視線を向けると同時に、三つのことが一斉に起こった。

まずはトミーが突かれたようにその場を駆けだし、玄関のほうへと走り去っていった。

傍らにいた真弓が「きゃっ！」と悲鳴をあげ、私の腕に縋《すが》りついた。

そして私と真弓が、背後へ逃げ去るトミーの姿を追って振り返ると、少し離れた先にペルが座って、こちらを見ながらあんぐり口を開けていた。

それを見るなり、私と真弓は声を揃えて大笑いを始めた。

これ以上はないというほど両目をまん丸く見開き、だらりと大口を開けた猫の顔など、私も真弓も初めて見た。あまりに間抜けなその顔にしばらく笑いが止まらなかった。

ようやく笑いが収まったあと、真弓に「見た？」と尋ねたのだが、真弓は煙のようなもやもやを見ただけで、老婆の顔など見ていないという。

だが、トミーもペルもみんな見たから驚いたんだね、ということで話が落ち着いた。

幸い、家に入るとトミーも戻っていたので、私たちは安心しながら、先ほど目撃したペルの間抜けな顔を再び思いだして大いに笑い直すことができた。

第一印象

　私と同じ宮城出身で、やはり私と同じく怪談作家をしている男がいる。

　筆名を小田《おだ》イ輔《すけ》という。怪談ファンなら、彼の高名をご存じの方も多いことかと思う。

　年齢は私よりも少し下。一方、単著デビューを果たしたのは、イ輔のほうが私よりもひと月早い、二〇一四年四月である。

　デビュー当時は互いに接点はなかったのだが、デビューの翌年、二〇一五年の夏から仙台市内の書店で催される怪談会で顔を合わせるようになって以来、交流が続いている。

　これは、そんな小田イ輔にまつわる話である。


　毎年夏場になると仙台市内の書店で催される怪談会は、「みちのく怪談会」といって、仙台の出版社・荒蝦夷《あらえみし》が主催している。

　東北出身、在住の怪談作家が一堂に集まり、書店に設けられた特設会場で観衆を前にとっておきの怪談語りを披露するという趣向である。

　イ輔と初めて会ったのは、二〇一五年の八月。仙台駅の近くにある書店だったのだが、その第一印象はかなりインパクトの強いものだった。

丸みを帯びた卵形の輪郭に黒縁眼鏡をかけた面貌《めんぼう》は、穏やかで人当たりのよさそうな印象を抱かせたが、髪型はリーゼント。それも大層本格的なリーゼントだった。

ポマードか何かでがちがちに塗り固められた黒髪は、たっぷりとしたボリューム感で、小田イ輔という男の頭を二割増しほど巨大なものに仕立てあげている。

額の真上から巨大なコッペパンのごとく突きだした前髪は、先端がわずかに先細って、まるで額の先にくちばしが生えているかのようだった。

生粋のロカビリーファンなのか、それともヤンキーあがりの男なのか。すかさず理由を尋ねてみたい衝動に駆られたが、異様な頭の迫力に圧倒されていたし、

加えて初対面ということもあり、あまり不躾《ぶしつけ》な質問を向けるのもどうかと思った私は笑いを堪《こら》えるのにも必死だった。

その後、イ輔の顔を見るたびにこみあげてくる笑いを押し殺しながら、舞台にあがった。

怪談会が終わった帰り道、電車の中で真弓が私につぶやいた。

「小田さん、すごい頭だったね」

イ輔の頭は、真弓も相当お気に召したらしい。顔にはにやついた笑みが浮かんでいる。

「ああ、カラスが乗っかってるみたいだったな」

私が答えると真弓は珍しく、人目も憚《はばか》らずに大きな声をあげて笑いだした。

翌年の二〇一六年も、怪談会の席でイ輔と顔を合わせた。

相変わらず、立派なリーゼントのままだった。

この時もイ輔に直接尋ねてみようと思ったのだが、開演前の打ち合わせが慌ただしく、終演後の打ち上げでもタイミングを逃してしまい、結局聞きだすことができなかった。

それからさらに一年が過ぎた、二〇一七年の夏。

今年こそは突っこんでやろうと意気ごみ、真弓とふたりで仙台市内の会場へ向かった。

ところが会場に着いてイ輔と対面した私たちは、思わず我が目を疑ってしまう。

あんなにボリューミーで重厚な存在感を放っていたリーゼントが跡形もなく消え失《う》せ、イ輔の頭は丸坊主になっていた。

「あれ？　その髪、どうしちゃったんですか？」

愕然《がくぜん》となりながらイ輔に尋ねると、イ輔はさらに驚くべき答えを返してきた。

「え？　髪って別に、前からずっと同じ髪型ですけど」

イ輔の話によれば、彼はもう何年も前から坊主頭のままだという。

「いやいやあなた、去年までは立派なリーゼントだったじゃん！」

事態がまるで呑《の》みこめず、焦りを滲《にじ》ませながら叫んでみるも、イ輔は怪訝《けげん》な面持ちで首を捻《ひね》りながら、私たちを見つめ返してくるばかりだった。

「小田さん、前は絶対リーゼントだったよね？」

怪談会が終わった帰り道、電車の中で真弓が私につぶやいた。

「うん。カラスが乗っかってるみたいだったよな」

私が答えると、真弓は「ぷっ」と噴きだし、口元を押さえて笑いだした。

一方、私のほうは、自分がこぼした「カラス」という言葉にピンときて、なんとなくイ輔の得体の知れないリーゼントについて、腑《ふ》に落ちたような気がした。

言うなれば一種の業か、職業病と言ったところだろうか。

いわゆる〝霊感〟というやつがあろうとなかろうと、怪談作家というのは大小様々な怪異の洗礼を受ける傾向にある。些細《ささい》なところでは、執筆中の原稿データが消失したり、原因不明の体調不良を起こしたりするし、金縛りに遭ったりする者もいる。

小田イ輔という男は、特にそうした怪異に見舞われる傾向の強い男なのである。

この日の怪談会でも原稿を執筆中、〝視えざる何か〟に顔面を蹴《け》りつけられ、前歯をへし折られたという話をしていたし、他にも〝何かに障られた〟としか思えないような奇怪な体験をいくつもしている。

そんな男の頭に起きた異変である。あるいは本当にカラスのような化け物が、イ輔の頭に長らくとり憑《つ》いていたのかもしれない。

とりあえず「いなくなったようで何より」と思いながら、私は小さくため息をついた。

それ以後、小田イ輔はずっと坊主頭のままである。

芋ロス

私の数少ない友人に、芋沢《いもざわ》君という男がいる。

歳はちょうど私と真弓の間ぐらい。別に拝み屋に類する仕事をしているわけではなく、怪談や怪異について特別な興味があるわけでもない。

ただ、数年前に知り合ってまもなくから妙にウマが合ってしまい、時を重ねるごとに親睦《しんぼく》が深まっていった。

真弓も芋沢君とは仲がよく、折に触れては一泊二日で彼を遊びに招く機会が多かった。

二〇一七年の秋口だったと思う。

いつものごとく、芋沢君が泊まりに来ることになった。

彼はいつも土曜の夜、仕事が終わったあとに我が家を訪れる。芋沢君がやって来ると、真弓が作った夕飯をみんなで楽しむのが常だった。

この日も芋沢君が到着してまもなく、真弓が準備していた料理を台所から運んできて、居間の座卓に並べ始めた。

ところが全ての料理が出揃い、真弓が台所から戻ってくると、顔色が暗く沈んでいた。

「どうしたのか」と尋ねたところ、「ご飯が炊けてなかった」と真弓が答えた。

「しょうがないな」と返しつつ、ご飯が炊きあがるまでの間、料理をつまみにしながら三人で酒盛りを楽しんだ。

私としては、ただそれだけの出来事に過ぎず、さして気にも留めることはなかった。

だがその翌日、芋沢君が帰ったあとに真弓が暗い面持ちで、こんなことを語りだした。

「ご飯ね、本当は炊いてたんだよ……」

真弓が説明するには、芋沢君が遊びに来るということで、芋沢君の「芋」にちなんでサツマイモご飯を仕込んでいたのだという。

芋沢という名は仮名なのだが、仮名の由来になっているのは「芋」にまつわるもので、私も真弓も、芋沢君といえば芋という印象が強かった。

だから真弓は、サプライズ的にサツマイモご飯を用意して、芋沢君と私を笑わそうと密《ひそ》かに準備を進めていたのだという。

真弓は昨日の夕方、芋沢君が到着する時間を見越して料理を始めている。料理の合間に米を洗って一時間ほど水に浸し、仕上げに賽《さい》の目に切ったサツマイモとダシ汁を混ぜこんで、炊飯器のスイッチを入れた。

ところが芋沢君の来訪後、料理を運び終えて炊飯器の蓋《ふた》を開けてみると、中は空っぽ。サツマイモはおろか、米を炊いた形跡さえもなかったのだという。

炊いたはずのサツマイモご飯は、どれだけ捜しても見つからなかったとのことだった。不思議な話ではあったが、我が家で起きることである。そんなことがあったとしても、別におかしくないなと思ってしまった。

真弓はしきりに「本当なんだよ」と繰り返したが、疑う理由は何もない。

「しょうがないさ」と笑いながら答え、なんとか真弓を納得させた。

その後も真弓が炊いた三合分のサツマイモご飯が出てくることはなかった。

「しょうがないさ」と割りきりはしたし、ご飯が消えてしまったことも認めてはいるが、それなら一体、どこに消えてしまったのか。あるいは誰が食べてしまったのか。

その点についてだけは、今でも思いだすたびに少しだけ気になってしまう。

蔵の中　八

時刻は午前二時を過ぎた。

真弓のことを思いだしていたら、自宅に残してきた彼女が少し心配になってくる。

普段ならとっくに寝ている時間だったが、寝付かれずに起きているとも限らない。

独りで怖い思いをしていなければいいがと思う。

防犯上の不安などは別として、自分の家にいて怖いというのも妙な話かもしれないが、我が家の場合は立地が立地で仕事も仕事なため、よその家とは少々事情が異なるのだ。

「出る」「出ない」の二択なら、残念ながら我が家は「出る」ほうの家なのである。

「出る家」と言えば、この蔵だってそうなのだ。

ところがこんな時間になってさえもなお、何かが出てくる気配は一向にない。

どうしたものかと渋面をこしらえながら、大仰に首を捻《ひね》る。

家にまつわる怪異というのも、これまでずいぶん手掛けてきたし、聞かされてもきた。

何かこれまで見聞きした案件の中で参考になりそうなものはないかと思い、再び記憶を手繰り寄せる。

幸いにも大した苦労をすることもなく、厭《いや》な話は次々と記憶の中から沁《し》みだしてきた。

一九七五／〇八／二四

小関《こせき》さんが、新しいデジカメを買った時のこと。テストのためにマニュアルを確認しつつ、自宅の各所や庭先、近所の風景をカメラに収めて回った。

撮影ごとに液晶画面で写真の仕上がりを確認しながら、一時間ほどかけて五十枚近い写真を撮った。画質は満足できるものだったし、あれこれ試して使い方も大体分かった。あとは自室に戻って、もう一度軽くおさらいをしてみることにする。

ところが撮影した写真を確認したところ、一枚だけ妙な写真が紛れこんでいた。

暗い廊下を背景に、和装の寝巻姿をした老婆が突っ立ち、こちらに笑みを向けている。

廊下の床は、年季が入って黒ずんだ板張りで、壁は黄土色が薄く褪《あ》せた砂壁である。

老婆の歳は、おそらく八十代の半ばほど。頬の肉がこけ落ちた痩《や》せぎすの細い面相に、カリフラワーのごとく膨らんだ短い白髪が載っている。

寝巻は紺色で、胸元がだらしなくはだけ、萎《しぼ》んだ乳房の上辺りまでが露出している。

写真はデータ上、自宅の様子を撮影した写真の中に挟みこまれて保存されていたが、こんな写真を撮った覚えはないし、老婆の顔にも、廊下の風景にも心当たりがなかった。

さらに奇妙だったのは、写真が撮られた日付だった。

他の写真の撮影日は、全て二〇一〇年代の今日の日付が表示されているのに、老婆が笑みを浮かべるこの写真だけは、日付が一九七五年八月二十四日と記されている。

写真をどれだけ見ても疑念が強まるばかりで、埒《らち》が明かない。

得体の知れない老婆の笑顔を見れば見るほど、気味が悪くもなってくる。

居間にいる母のところへ行って、写真を見てもらうことにした。

写真を見始めてまもなく、母は「これ多分、昔のこの家だよ」と答えた。

小関さんの自宅は三十年ほど前、一九八〇年代に大規模な改築工事をおこなっており、写真に写る廊下は、改築以前に玄関口から家の奥へと向かって延びていたものだという。

ただ、廊下の上に突っ立って笑う老婆については、誰なのか分からないと母は答えた。

身内にも近所にも、こんな人物はいないという。

結局、なぜこんな写真がデータの中に紛れこんだのか、原因は分からなかったのだが、この一件以来、小関さんは極力、自宅で写真を撮るのは控えるようにしているという。

石楠花《しゃくなげ》と首

麗《うら》らかな春の昼下がり、彩子《あやこ》さんがドライブがてら、車で花見に出かけた時のこと。

自宅から一時間ほど離れた田舎町にある城跡は、桜の名所として知られる場所だった。評判に違《たが》わず、敷地内には薄桃色の淡い花を咲かせた桜の樹々が視界一面を埋め尽くし、短い春の風情を心ゆくまで堪能《たんのう》することができた。

とても気持ちが弾み、陽気がよかったことも手伝って、場内をたっぷり眺めてからもまだまだ春の風情を楽しみたかった彩子さんは、近くを歩いてみることにした。

城跡の裏手には昔ながらの古びた民家が軒を連ね、それぞれの庭先には色とりどりの春の花が咲いていた。

撫子《なでしこ》、躑躅《つつじ》、ラベンダー、ネモフィラ、クレマチス、チューリップ。

夢見心地でそれらを眺め、写真に収めながら歩いていると、やがて少し離れた前方に生垣が見えてきた。生垣には、濃い桃色に染まった見事な石楠花が咲いている。

ひと目見るなり心を奪われ、小走りに駆け寄っていく。

生垣の前に立ち、大輪の花を咲かせた石楠花を眺めていると、生垣の向こうに見える古びた民家の玄関戸が開いて、中から女性が姿を現した。

若草色の着物に身を包んだ、四十代ぐらいの綺麗《きれい》な女性で、涼やかな笑みを浮かべてこちらに向かって歩いてくる。

女性に会釈をすると、彼女も彩子さんの前までやって来て、ゆったりと頭をさげた。

とたんに女性の頭が、襟元からごろりと転がり落ちた。

予期せぬ事態にぎょっとなるも、反射的に両手が前に伸びる。

ずしりと重い感触とともに手の上に載った首は、結った黒髪をもぞりと蠢《うごめ》かせながら回転すると、こちらに面《おもて》を向け直し、血の気の引いた青白い顔で笑ってみせた。

ようやく悲鳴があがり、すかさず首を放りだす。

怖じ気を震わせながら視線を前方に向けると、女の首も身体も跡形もなく消えていた。

女が出てきた民家の玄関戸には、長い木板がバッテン状に打ちつけられ、家の様子もいっぺんに何十年も時が経ったかのように朽ちかけていた。

ふと傍らへ視線を移せば、あんなに見事に咲いていた石楠花もひとつ残らず消え失《う》せ、枝葉がぼうぼうに生え伸びた生垣が、四月の風に煽《あお》られて揺れていた。

急ぎ足で道を戻るさなか、付近の住人とおぼしき人物と何人かすれ違った。

件《くだん》の民家について事情を尋ねることもできたが、余計な事実を知ってしまうことへの恐ろしさのほうが勝り、そのまま口を噤《つぐ》んで家路に就いたそうである。

悪いものたち

郊外の住宅地に住む中竹《なかたけ》さんが聞かせてくれた話である。

ある晩遅く、中竹さんは自宅の近所にある自販機へ煙草を買いに出かけた。

周囲の家々の電気がほとんど消えて真っ暗になった夜道を歩いていると、道の前方に人影が並んで、こちらへ向かって進んでくるのが見えた。

人数は五人。先頭に立っているのは黒い背広姿の中年男性で、他には男性がふたりと女性ふたりが、緩い列を作って歩いている。他の面子《メンツ》も全員、黒っぽい服を着ていた。

近所の人間ではなかったし、礼服のような装いながらも、こんな遅くに葬式帰りとも思えない。そもそも近所で葬式など一件もおこなわれていなかった。

自然と不審な目で見ていた中竹さんの視線に気がついたのか、先頭を歩く男がふいにこちらに顔を向けて、いかにも品のよさそうな笑みを浮かべてみせた。

「こんばんは。こちらのお宅にちょっと用事がありましてね」

言いながら一軒の家を指差すと、男たちは門扉をくぐり、敷地の中へと入っていった。

薄気味悪い連中だし、関わりたくないと思ったので、煙草に火をつけ、再び歩きだす。ところが歩きだしてまもなく、おかしなことに気がつき、振り向いた。

家の門扉は固く閉ざされていた。

たった今、男たちが敷地へ入っていった時にも閉ざされていたと記憶している。

閉ざされた門扉を素通りできるはずなどないというのに、男たちは平然とした様子で門扉をくぐりぬけ、敷地の中へと入っていったのである。

門扉の前まで行って様子を見てみたが、男たちの姿は見当たらなかった。それに加えて家の中は真っ暗で、電気が灯《とも》る気配もない。

しばらく様子を窺《うかが》ってみたものの、家の中からは物音ひとつ聞こえてくることはなく、電気が灯ることもなかった。

しだいに恐ろしくなってきた中竹さんは、逃げるような足取りで家へと戻った。

それから数日後、件の家に鯨幕が張られているのを見かけた。

近所の話では、家の主人が心臓発作か何かを起こして亡くなったのだという。

さらにそれから三週間後、同じ家で今度は彼の妻が、交通事故で亡くなった。

そのひと月後にはその一人息子が首を吊《つ》って亡くなった。

空き家となった家には今は誰も住んでおらず、五年近くも空き家のままだという。

あの晩、自分が見た連中が何者だったのか。

未《いま》だに何も分からないままだが、少なくとも連中が「悪いもの」だということだけは確信していると、中竹さんは語っている。

完全包囲

今から三十年ほど前。玲子《れいこ》さんが中学一年生の時に体験した話だという。

父が仕事で昇進したのをきっかけに、それまで暮らしていた町場の狭いアパートから、借家へ引越すことになった。

町から少し離れた田園地帯に建つ古びた一軒家だったが、中の造りは広々としていて部屋数も多い。それまで自室は三つ年下の妹と共用だったけれど、今度は自分の部屋が持てることも嬉《うれ》しかった。

引越しからひと月も経つと新しい暮らしにだいぶ慣れ、家の雰囲気にも馴染《なじ》んできた。周囲が雑木林に囲まれているおかげで日当たりは少し悪かったが、それ以外に関してはとても居心地のいい家だった。

それからさらにひと月ほどが経った頃。

父が仕事で一晩、家を空けることになった。

新しい家に引越してきてから、父が家を空けるのは初めてだったし、家族は父以外に玲子さんと妹、母の三人だったので、少し心細い気持ちになった。

たった一晩とはいえ、母もやはり不安そうな様子で、日が暮れて夕飯を食べ終えても、玲子さんと妹を居間に引き留め、「今夜はみんなで一緒に寝よう」と言ってきた。

母子《おやこ》で一緒に寝るなどしばらくなかったし、玲子さんも心細かったので嬉しかった。家の裏手に面した両親の寝室へ布団を敷き、川の字になって眠った。

眠りに落ちてしばらくすると、母に肩を揺すられて起こされた。

「家の中に誰かいる」

こちらを見つめ、小声で囁《ささや》く母の形相は険しく、顔色は真っ青になっていた。

布団から起きると、いつから降りだしたのか、外からさらさらと雨音が聞こえてくる。母は妹にも声をかけ、むずがるのも構わずに無理やり起こした。

母の話ではつい先ほど、誰かが廊下を歩く足音が聞こえて、目を覚ましたのだという。気のせいだろうと思いたかったのだが、足音はかすかに小さくだけれど聞こえてくる。

間違いではないなら大変なことだから、確かめてほしいと頼まれた。

母の言葉に蒼《あお》ざめながら耳を澄ましてみると、雨音に混じって確かに家のどこからか、かすかに足音が聞こえてくるのが分かった。

乾いた感じの響きから、どうやら土足で家の中を歩き回っているらしい。

「どうしよう。警察呼ぶ？」と尋ねたものの、電話は居間にしかない。寝室から居間へ向かうには、長い廊下を進んでいくしかなかった。

母子《おやこ》三人で肩を寄せ合いながらしばらく悩み続けたものの、じっとしていたところで向こうがこちらへやって来ないとも限らなかった。意を決して居間へ向かうことにする。

寝室のドアを静かに開け、忍び足で慎重に廊下を進み始める。

そのさなかにも足音は、玲子さんたちが向かう先から断続的に聞こえてきた。

それに被《かぶ》さるようにして、なおもさらさらと降りしきる雨の音が聞こえてくる。

恐怖と緊張に身を震わせながらも、どうにか居間へと通じる廊下の角の手前まで達し、角を曲がった瞬間だった。足音の主と諸《もろ》に目が合い、玲子さんたちは悲鳴をあげた。

角を曲がって真正面に見える玄関先の上がり框《がまち》に、日本人形が立っていた。

人形は、四十センチほどの小さな背丈に、煌《きら》びやかな赤い着物を着ていた。

真一文字に切り揃えた前髪から覗《のぞ》く顔は真っ白で、目は鮫《さめ》のように丸くてどす黒い。

人形は、感情のこもらない真っ黒な目で玲子さんたちをつかのま、じっと見つめると、くるりと踵《きびす》を返して玄関戸のほうへ駆けだした。

戸は固く閉ざされていたのに、人形は霧のように戸をすり抜け、姿を消してしまった。

それを見た母が再び悲鳴を張りあげたが、同時に玲子さんと妹の手をきつく摑《つか》むなり勢いよく駆けだして、素早く居間の中へと飛びこんだ。

電気をつけて畳の上にへたりこむ。すぐさま居間の隅にある電話に目が行ったものの、警察に救《たす》けを求めるような案件でなかった。

母は「どうしよう……」と泣きだしてしまい、玲子さんの目にも涙が滲《にじ》んでくる。

「ねえ、なんか変じゃない？」

そこへ、すでにべそをかいていた妹が、ふいに口を開いてつぶやいた。

「何？」と母が尋ねると、妹は震えた声で「雨の音じゃないと思う」と答えた。

妹の言葉に再び耳をそばだててみると、外からは相変わらずさらさらと、静かな音が聞こえてくる。けれども無言でじっと聞き入っていると、妙なことに気がついた。

さらさらという音だけは絶え間なく聞こえてくるのに、水が雨樋《あまどい》を伝って落ちる音も、地面を叩《たた》く音も聞こえてこない。

そして何よりも、水が屋根を打ちつける音が、まったく聞こえてくることがなかった。すかさず窓辺へ駆け寄ってカーテンを開け放つなり、玲子さんたちの口からこの夜でいちばんの大絶叫が絞りだされる。

家の周りを囲む雑木林の中から、人の背丈ほどもある巨大な日本人形たちが顔をだし、無数の真っ黒い目でこちらをまっすぐ見つめていた。

林の中で顔を並べる人形の群れは、着物姿の上半身を右へ左へ振り子のように揺らし、周囲に生い茂る枝葉をさらさらと盛大に打ち鳴らしていた。

悲鳴をあげたまま母のほうへ振り返ると、母も悲鳴をあげながらこちらに顔を向けた。何かを言おうとしたのだが、頭がうまく回らず、言葉をだせずにいるうちに、目の前がぐらりとなって意識がふつりと断ち切れた。

再び目覚めると、外はすっかり明るくなっていた。

恐る恐る窓から雑木林を見てみたが、人形たちの姿はひとつも見えなくなっていた。

その日の夕方、母は帰宅した父に昨夜の一部始終を語って聞かせた。玲子さんと妹も一緒になって母の説明に加わった。

だが父は、「おそらく集団パニックみたいなものを起こしたんだろう」などと言って、まともに取り合ってはくれなかった。

その夜も怖くて、玲子さんと妹は両親の寝室で寝た。今夜も人形が来たらどうしよう。けれども人形たちの姿を見たら、さすがの父も信じてくれるだろう。思いを巡らせながら布団に入ったのだが、結局この夜、何も異変は起こらなかった。

それからしばらく経った休日の昼間。

外に出ていた父が血相を変えて、家の中へ入ってきた。

父が片手に持っていたものを見たとたん、母子三人がけたたましい悲鳴をあげる。

父は泥土に塗《まみ》れてぼろぼろになった日本人形を持っていた。

庭で焚火《たきび》をしようと思って焚《た》き木を探しに雑木林へ入ったところ、雑木林の中ほどにこんな人形が大量に転がっていたのだという。

嘘だろうと思ったが、本当だった。父に先導されて林の中へ入っていくとまもなく、ぼうぼうに生えた下草に紛れるようにして、大量の日本人形が転がっていた。

数は目につくだけで六十体以上もあり、いずれも泥土に塗れ、古びて薄汚れていたが、中には額や胸に太い釘《くぎ》を打たれて転がっている人形もあった。

　さっそく父が業者に依頼して、人形を全て回収してもらうことになった。回収された人形は八十体近くにもなり、地元ではちょっとした噂にもなってしまった。

　その後、人形たちは、大きな神社の宮司にお祓《はら》いされたのち、丁重に焚きあげられた。宮司の話では、呪いに使われた人形だろうとのことだった。悪い心を持った誰かの呪いに使われ、無残に打ち捨てられた人形たちが救けを求めて、玲子さんたちの前に現れたのではないか。

　そんな話を聞かされたのち、もう大丈夫だろうとも言ってもらえた。

　宮司の言葉どおり、それから玲子さんの家ではしばらく何も起こることはなくなった。

　それから三十年ほどが経ち、玲子さんが四十代になった、つい最近のこと。七十代半ばを迎えた母が、自宅の布団の中で眠るように息を引き取った。死因は心不全とのことで、その死に顔はとても安らかだったそうだが、遺体を最初に発見した父の話によれば、布団の中で息を引き取っていた母の胸には、古びて薄汚れた日本人形が、大事そうに抱かれていたのだという。

　そんな人形を見るのは三十年前のあの時以来だと、父は言っていたそうである。

時刻はとうとう、午前三時を回った。残り時間も三時間を切った。

七時に蔵へ籠《こも》り始めてから八時間余り、頭の中で独りきりの怪談語りを続けてきたが、結局何も起こることはなかった。

丑三《うしみ》つ時もとうに過ぎ、いよいよこれは完全に空振りだったと思わざるを得ない。

当時の状況を再現すればと思い、外から鍵《かぎ》を掛けてもらい、わざわざブレーカーまで落としてもらったことも、どうやらまったく意味をなさなかったようである。

忌々《いまいま》しいことに気配は未《ま》だ感じ続けていたし、時折他の部屋を覗いて回ってもみたが、依然としてなんらの変化も見られず、場所の特定もできなかった。

六時になれば、義之さんが鍵を開けにくる手はずとなっている。それまでになんとか気配の正体を暴いて事態の終息を図りたいのだが、それは現実的に難しそうだった。

仮にこのまま時間を迎えれば、私は誰にも合わせる顔がない。

いかにも「これで解決」とばかりに、こんな大掛かりで馬鹿げたことを始めておいて、結果が「やはり何も分かりませんでした」では、あまりにひどすぎるオチである。

いっそのこと、このままずっと蔵に閉じこめておいてもらいたいとさえ思えてくる。

蔵に籠る経験など生まれて初めてのことだったが、仕事の成果がだせないのであれば、こんな状況に自ら身を置いていること自体が、すでに自発的なおしおき行為とも言えた。なんとも間抜けな話である。

己の愚行にほとほと呆《あき》れながら、眠気覚ましに伸びをしかけた時だった。

「状況の再現」というフレーズがふと引っ掛かり、今一度、怪異が発生した際の状況をひとつひとつ頭の中で反芻《はんすう》しながら精査していく。

まもなく「あ」と声が漏れ、ひとつだけ再現していないことがあるのに気がついた。

思い至るなり懐中電灯をつけ、立ちあがる。

手早く周囲に明かりを翳《かざ》して視線を巡らせると、部屋の壁際に置かれた茶簞笥《ちゃだんす》の上に、陶器でできた小さな猫の置物が座っているのが目に留まった。

盗むには手頃と判じて置物を摑みあげ、上着の内ポケットへと忍ばせる。とたんに周囲の空気が、みるみるうちに変わっていくのが分かった。

私が「条件」を満たしたからである。

今まで幽《かす》かで散漫だった気配も、針のごとく鋭いものへと変貌《へんぼう》し、こちらへ向かってまっすぐ注がれてくるのが分かる。

おかげで気配の主がどこにいるのかも大体見当がついた。向こう側から来られる前に、こちらから会いにいこうと考える。

懐中電灯を片手に廊下へ出るなり、そのまま奥へと向かってまっすぐ進んでいく。

廊下の半分ほどまで進んだところで、奥の曲がり角から何かが出てきた。

人の形をしていたが、輪郭がもやもやと煙のように揺らめき、仔細《しさい》がよく分からない。

まもなく得体の知れない人形《ひとがた》が廊下の角を曲がりきり、こちらへ向かって正面を向ける。

だが、それでも仔細はおろか、相手が男なのか女なのかも判然としなかった。

正体を見極めるため、その場に立ち止まって懸命に目を凝らす。

とたんに得体の知れないそれは、弓で思いっきり射られたかのような凄《すさ》まじい勢いで、こちらへ向かって一直線に飛んできた。

避《さ》けるまもなく、輪郭の定まらないもやもやした手で両肩をがっしりと摑《つか》まれた瞬間、真正面に向かい合ったそれの顔が、ぐわりと間近に迫ってきた。

頭の上に黒い髷《まげ》のようなものを貼りつけたその面貌は真っ白く、ぺらぺらと平面的で、書道用の半紙を思わせる質感だった。

薄っぺらい顔の上には、稚拙な合成処理で載せられたかのような、やたらと大きな目、鼻、口が、ぬらぬらと生々しい光を帯びて浮かんでいる。

顔を見るなり、それがなんなのかすぐに分かった。

私が小学二年生の夏休み、肝試しのさなかに遭遇した、薄気味悪い紙人形の顔である。

紙人形は、大きな両目をさらにかっと見開き、真っ白な歯を剝《む》きだして笑い始めた。

なるほど。こういう趣向だったか。

得心しながら視線をまっすぐ注いでいると、ふいにその輪郭が滲《にじ》むようにぼやけた。

続いて、顔のまんなかに小さな穴が空いたかと思うと、穴の周囲が急速にうねりだし、たちまち顔全体が激しい渦を描いて回り始めた。滑《ぬめ》り気を帯びて浮かんでいた目鼻口が、伸ばした水飴《みずあめ》のごとく形を細く歪《ゆが》ませながら、穴に吸われて消えていく。

渦はそのままうねりを緩めず、今度は穴の中から何かが次々と出てきて、渦の外へと向かってぐるぐると回り始めた。まもなく回転はゆっくりと収まり始め、静かになった顔の上には、先ほどまでとはまったく別の顔が浮かんでいた。

真っ黒なおかっぱ頭に、白くてのっぺりとした印象を受ける少女の顔である。

切り傷のように細長い目と、丸みを帯びた小さな鼻。口は異様に大きく、真一文字に結んだ唇が、両の頬を切り裂くように耳の付け根辺りまで長々と広がっている。

それは私が幼稚園の頃、入院中の病院で遭遇したノブコちゃんという名の異形だった。

やはりそうだ。間違いない。

動じることなく思うさなか、顔は再びうねりを描いて、また別の顔が現れた。

今度は、肌の色が汚泥のように黒ずんだ、頭の禿《は》げた男だった。

同じく幼稚園時代の真冬、氷が張られた沼の中から出てきた男の顔である。

続いて浮かんできたのは、濡《ぬ》れそぼった髪の間から、青黒い顔色を覗《のぞ》かせる女の顔。

これも幼稚園時代、地元のプールで遭遇した、得体の知れない女の顔だった。

うねりはさらに繰り返し、私の眼前に次々と、過去に見《まみ》えたこの世ならざる者たちの忌まわしい顔をこしらえてみせる。

目玉のないがらんどうの眼窩《がんか》を覗かせる男の顔、殺されたヤマカガシが化けた女の顔、本当はこの世に実在していなかった曾祖母《そうそぼ》の顔、純白の綿帽子を被《かぶ》った魔性の花嫁の顔、溶けるように崩れた真弓の顔、異様に長い髪の間からぎょろぎょろした目を剝く女の顔、ざんばら髪を獅子《しし》のように振り乱して笑う女の顔、両目から老婆の首を生やした女の顔、大口を広げて大絶叫を放とうとする、影法師のようにどす黒い男の顔……。

目の前でぐるぐると激しくうねりながら現れては消えるそれらの顔を見ていくうちに、視界がぼやけ、明滅し、しだいに意識も濁り始めてくる。

「まずい」と思って気を張り巡らせ、内ポケットに忍ばせていた猫の置物を摑みだすと、渦を巻いて暴れ狂う顔の前へと差しだした。

出来心とはいえ、大変申しわけありませんでした。心から反省しています。

もう二度とこんなことはしませんので、どうか私を許してください……。

猫を差しだしたまま心の中で念じると、顔のうねりが緩み始め、まもなく止まった。

うねりの止まった顔の上には、目も鼻も口もなかった。

続いて両肩を摑んでいた手の力が弱まり、肩の上からだらりとなって滑り落ちる。

こちらが太い息を漏らすのとほぼ同時に、目の前にいたそれも煙のように搔《か》き消えた。

だが、姿は消えても気配はまだ残っていた。

それに今度は、気配の所在もはっきりと分かる。

一旦《いったん》廊下を引き返して最初の部屋に戻り、猫の置物を元あった場所へと置き直す。

　それから再び廊下へ戻るといちばん手前の部屋へ入って、壁際に立てかけられている大きな脚立を抱えあげた。

　そして気配を頼りに、目指す〝それ〟へとたどり着ける場所を探し始める。他の部屋を順番に回り始めてまもなく、以前は奥座敷だった部屋の天井を見あげると、天井板がわずかにずれて、細い隙間ができている場所を見つけた。

　懐中電灯の明かりを頼りに、悪戦苦闘しながらも天井板の真下に積みあげられている荷物をどうにかどかす。まっさらになった床の上に脚立を置いて上り、天井板を外して中の様子を覗いてみると、屋根裏の少し離れた前方にそれはあった。

　上にあがり、天井板を踏み抜かないよう、慎重な足取りで進んでいく。屋根裏のまんなか部分に当たる頭上には、太い棟木が建物の端から端まで延びている。私が探していたものは、それを支える支柱の根元に倒れていた。

　全長二メートル近くもある、古びた太い角材で、ぼろぼろになって色褪《いろあ》せた五色布や紅白の紙垂《しで》、水引などが結わえつけられている。先端には丸い形をした扇もついていた。

　誰かに少々悪さをされた形跡があったが、これは間違いなく幣串《へいぐし》である。

　上棟式の際に家内安全や災害除《よ》けを願って祀《まつ》られる、家の守り神のようなものだった。これまでずっと感じ続けていた気配は、この幣串から放たれていたものらしい。

　埃《ほこり》まみれになって倒れる幣串の前で手を合わせ、難渋しつつもどうにか下までおろす。ようやくの思いで最初の部屋まで運びだした頃には、眠気も増して大いにくたびれた。

気づけば時刻は、午前四時を過ぎている。

このまま独りで最後の仕上げまで済ませることもできたが、せっかくなので時津家と日村家の面々にも立ち会ってもらおうと考えた。おそらくそのほうがよいだろう。流れを決めるなり、私は幣串の隣に横たわって、まもなく深い眠りに落ちた。

それから二時間後。午前六時きっかりに外から声をかけられ、目を覚ました。返事をするとすぐに扉が開き、扉の隙間から義之さんが顔を覗かせた。その背後には、利明さんと秀樹さんの姿も見える。

「ああ、よかった。ご無事でしたか。それで……どうだったんでしょう？」

未《いま》だ不安げな表情を浮かべる義之さんに、「多分、もう大丈夫だと思います」と答え、床の上に寝かせた幣串を手のひらで示す。

とたんに義之さんが「うおっ！」と声をあげたが、義之さんの肩越しから幣串を見た秀樹さんは、さらに大きな声で驚いた。

「何か心当たり、ありますか？」

「ええ、あります。さすがの兄貴も、これについては覚えていると思います」

尋ねると、秀樹さんは少々上擦った声で答えた。

それからすぐに秀樹さんが宗樹さんを連れてきて、件《くだん》の幣串を宗樹さんに見せた。

やはり宗樹さんも幣串を見たとたん、大きな驚きの声をあげた。

幣串の先端についている丸い扇には、上からさらに白い紙が貼られ、その紙の上には稚拙な筆使いで仕上げられた、何やら人ならざる者の顔が描かれている。鋭く尖《とが》った両目と、立派な口髭《くちひげ》。大きく裂けた口から太い牙《きば》を二本生やしたその顔は、その昔、宗樹さんが描いたものだという。


時津家の古い母屋が蔵へと改築されて、まだまもない頃。

宗樹さんが七歳くらい、秀樹さんが五歳ぐらいの時だった。

ある日、蔵の中で探検遊びをしていたふたりは、探検心が高じて屋根裏にまで上った。そこでふたりは、支柱に供えられた幣串を発見するのだが、暗い屋根裏にひっそり佇《たたず》む幣串を眺めているうちに、ちょっとした悪戯《いたずら》心が湧いてしまう。

　急いで母屋へ戻ると、ハサミで丸く切り抜いた紙の上に宗樹さんがお化けの顔を描き、それを幣串の先端に付いている丸い扇の上へと貼りつけたのである。

「扇には日の丸や鶴が描かれていたし、棒には紅白の紙なんかも飾りつけてあったから、それがありがたいもんだってのは分かりました。でも、ガキが思いついたバカな発想で、『どうせ暗い屋根裏にあるんなら、おっかないお化けのほうがいいだろう』って思って、こういうことをしてしまったんですねえ……」

　今の今まで忘れてましたよ……。大層申しわけなさそうな顔で宗樹さんが言った。

秀樹さんから「これがお化けの正体なんですか？」と尋ねられたので、差し当たって、

「まあ、そういうことになるんでしょうね」と答える。

あくまでも、これまでの流れを鑑《かんが》みたうえでの推測になってしまうのだが、お化けの顔を貼られた幣串は、家内安全や災害除けを引き受ける存在から、新たな顔に相応《ふさわ》しい「別の役割」を担うようになったのだ。

「これはどうしたらいいんですか？」という義之さんの質問への答えは、簡単だった。


その後、時津家の居間で朝食をご馳走《ちそう》になってから、座敷に祀られている神棚の前へ幣串を運びこんでもらい、昇神の儀を執り行った。

平たく言うなら、これまで力を貸してもらった神さまを天へとお帰しする儀式である。これは「お化け」という属性に切り替わった、幣串に宿るもののためにおこなった。

続いてお化けの絵をできうる限り丁寧に剝《は》がし、今度は降神の儀を執り行う。幣串が本来担うべき、家内安全と災害除けを司《つかさど》る神さまを新たにお呼びする儀式である。

昇神の儀と降神の儀。ふたつの儀式を滞りなく終わらせると、義之さんと利明さんにお願いして、蔵の屋根裏に再び幣串を安置してもらった。

「これで一件落着ですね」

屋根裏から降りてきた利明さんの言葉に「そうですね」と答え、私は一足先に蔵から抜けだし、時津家の庭へと向かった。

　母屋の前庭では柚子香ちゃんと凜香ちゃんが、梨沙さんに付き添われて歩いていた。

「ちょっといい？」

　柚子香ちゃんに声をかけ、梨沙さんたちから離れた庭の隅のほうまで来てもらう。

「変なことを訊《き》いてしまって悪いんだけど、正直に答えてほしい。もしも間違ってたら土下座して謝る。柚子香ちゃん、ここ最近で何か悪いことをした覚えはない？」

　突然向けた私の質問に柚子香ちゃんの瞳《ひとみ》が一瞬、はっとした色を帯びたのが分かった。だが、彼女はすぐに目を伏せると再びこちらを見あげ、「いいえ、別に」と答えた。

　明らかに嘘をついているのが見て取れる。

　褒められた行為でないのは分かっていたが、言葉を改めて訊き直すことにした。

「お母さんに誓ってそう言える？」

　すると彼女はみるみるうちに顔を赤らめ、ぼろぼろと大粒の涙をこぼし始めた。

「……ごめんなさい。わたし今、嘘をついてしまいました」

「別にいいさ。私も中坊の頃は嘘ばかりついてた。どれもが今の君の嘘よりひどい」

　苦笑しながら声をかけ、それから何があったのかを尋ねてみた。

　今から十日ほど前、新年を迎える数日前のことだという。

　その日の午後、柚子香ちゃんは同じ部活の先輩に誘われ、同級生の部員たちと一緒に、中学校の近くにある小さな神社の賽銭《さいせん》箱から、お賽銭を盗んでいた。盗んだお賽銭は、近くのコンビニや自動販売機で散財したのだという。

「わたしは怖くて嫌だったんだけど、簡単に盗《と》れるし、誰にもバレないからやろうって先輩に言われて付き合ったんです……。でも、盗んだお金で買ったお菓子やジュースも一緒に食べたし飲んだし、私も泥棒の仲間だと思います。ごめんなさい！」

嗚咽《おえつ》をあげて頭をさげる柚子香ちゃんに、「これからどうするつもり？」と尋ねる。

「お父さんに話して、それから神社の人にも話して、きちんと謝りたいと思います」

「そう。だったらお父さんには、私も一緒に説明してあげたいんだけど、いいかな？」

確認すると了解がもらえたので、利明さんの許《もと》へふたりで並んで歩きだす。

そこへふいに柚子香ちゃんが足を止め、「あ」と小さくつぶやいた。

「思いだした。この間、蔵で見たお化けの顔……」

再び滂沱《ぼうだ》の涙をこぼしながら、柚子香ちゃんが言った。

「お母さんの顔だった。すごく怖い顔をしてわたしの前に迫ってきて……。お母さんのあんな顔、初めて見た。わたし、お母さんにあんな怖い顔をさせちゃった……」

大泣きする柚子香ちゃんを宥《なだ》めすかしながら、今回の件をもう一度振り返ってみる。

時津家の蔵で怪異に見舞われる条件は、蔵の中に閉じこめられるという状況ではない。

本当は、罪を犯した者が蔵に入ると、そのおしおきとして怪異に見舞われるのである。

私がこの条件に気がついたのは、名推理でもなんでもなく、ほとんど偶然だった。

「悪さをしたおしおきとして、蔵に閉じこめられる」という状況を再現するのに際して、私自身はなんの罪も犯すことなく、電気の消えた蔵の中へ形式的に閉じこめられている。

八時間以上にも及ぶ不毛な監禁状態でじりじりしているさなか、それに気づいた私は、今からでも遅くないかと思い、猫の置物を懐に入れた。

結果はビンゴで大成功だったが、ここでひとつ、大きな矛盾と疑問が生じてしまう。

「何かの罪を犯した者が暗い蔵に閉じこめられる」という条件は、宗樹さんと義之さん、そして私も満たして、怪異と相対することになった。

だが、その条件をひとつも満たしていないのに、怪異に見舞われた者もいる。

言わずもがな、柚子香ちゃんである。

先に挙げた条件以外で宗樹さん、義之さん、柚子香ちゃんの三人に共通しているのは唯一、体験者が子供だという一点のみ。私はこの条件に合致しない。

そもそも子供であることが条件なら、梨沙さんと凜香ちゃんも条件を満たしているし、幼少時代の秀樹さんを始め、蔵に入る子供は全て条件を満たすことになってしまう。

一方、宗樹さん、義之さん、私に共通しているのは、性別が男であるという一点のみ。

これが条件であるなら、今度は柚子香ちゃんが条件に合致しない。

同じく、これを条件とすると、蔵に入った男たちは漏れなく怪異に見舞われてしまう。

これまでの体験数と照らし合わせると、あまりにも大雑把な条件である。

ならば本当の条件はなんだと考えた末、私がだした結論も、ひどく乱暴なものだった。

蔵に閉じこめられたわけではないにもかかわらず、怪異に見舞われた柚子香ちゃんと、罪を犯し、蔵に閉じこめられた状態で怪異に見舞われた宗樹さんと義之さんと私。

私が蔵から猫の置物を盗んでまもなく、怪異が発生したという事実も加味したうえで、ふたつのシチュエーションから「蔵に閉じこめられる」という条件を除外してみると、残された条件はひとつだけとなる。「罪を犯した」という条件である。

多感な年頃の娘を疑うのはよくないことだし、推察を裏付ける証拠もなかったのだが、柚子香ちゃんは怪異に見舞われた際、何度も「ごめんなさい！」と泣き叫んでいたとも聞かされている。それは何に対する謝罪だったのかと、引っ掛かっていた節はあった。

カマをかけてみて、たまたま正解だったからよかったものの、もしも間違いだったら彼女の心にひどい傷を負わせるところだった。これについては汗顔の至りである。

罪を犯した者が蔵に入ることで発生する怪異の正体は、あの幣串《へいぐし》で間違いない。

その昔、宗樹さんが「おっかないお化け」として丸扇の上に貼った絵のご所望どおり、幣串は、体験者がもっとも恐れるものの姿となって現れていたのだと思う。

記憶がないというため、宗樹さんと義之さんがどんなものを見たのかは知る由もない。ただ、柚子香ちゃんが見たのが、ほのかさんの顔だったというのは、窃盗の罪を犯した柚子香ちゃんが潜在的にもっとも後ろめたいと思い、悲しませることを恐れていたのが、亡き母であるほのかさんだったからではないだろうか。

私自身も含め、いずれの体験者も恐ろしい目には遭わされたものの、おそらく幣串は、悪い存在なのではなかったのだと思う。かつての「屋敷を護《まも》る」という役割を改められ、「お化け」としての新しい役割を果たしていたに過ぎない。

ただ、その「お化け」としての役割は、罪を犯した者を脅して反省を促すことである。対象を傷つけたり、ましてや生命を奪ったりすることはない。あくまで脅すだけである。

そのうえ「おしおき」が済んで対象が反省したのちには、おしおきされた本人を含め、おそらく周囲の関係者たちからも、記憶を綺麗《きれい》さっぱり消してしまっている。

仮にこれが、罪を犯した者がしかと改心したなら、あとは余計な心の傷にならぬよう、忘れさせるという計らいならば、おっかないお化けどころか、実に優しいお化けである。

真っ暗な蔵の屋根裏でお化けの顔を貼られた幣串は、こうして七十年近くにもわたり、「お化け」としての役割を果たしてきたのではないかと思う。

幽《かす》かな憐憫《れんびん》も感じるが、それでもなんだか、しみじみとさせられるいい話である。

いや。それだけではないか。

あるいはもっと、大きな役割も担っていたのではないかと思う。

それは蔵の加護と防犯である。

私を含めた、蔵の怪異の体験者が犯した罪は、いずれも窃盗だった。

単なる偶然なのかもしれないが、犯した罪が「窃盗」という一致に加え、私が置物を盗んだ直後に怪異が発生したという流れを鑑みると、こんな推測が浮かんでくる。

件《くだん》の幣串は、罪を犯した者を脅して反省を促すのではなく、盗みを犯した者を脅して反省を促したのではないだろうか。

それと同時に、蔵の中に所蔵されている無数の品々も守り続けてきた。

だから私が置物を盗んだ瞬間、怪異が発動した。そんな解釈をすることもできる。

ただ、全てはあくまで私の憶説に過ぎない。

確信できることといえば、これから先はおそらく、蔵の怪異は二度と起こることなく、幣串は本来担うべき「蔵の加護」だけに役割を専念するだろうということだけだった。

「まあ、今後も有事の際には、地上最強の防犯装置になってくれればいいけどね」

独りごちるように柚子香ちゃんに語りかけると、彼女は不思議そうな顔で首を傾げた。

それからまもなく。

蔵の近くにいた利明さんに、柚子香ちゃんとふたりで賽銭泥棒の件を打ち明けた。

事情を聞かされた利明さんは、大いに落胆したそぶりで長いため息を漏らしたものの、娘に対して激昂《げきこう》することはなかった。

「お説教は、お家《うち》に帰ってからね。まずはちゃんとお詫《わ》びをしないと」

利明さんがそう言うと、柚子香ちゃんは再びむせび泣きながら「はい」と答えた。

「神社の方にもお詫びをするつもりでいますが、神さまにもお詫びをしたいと思います。こういう場合は、どういうふうにお詫びを差しあげたらいいんでしょう？」

利明さんに尋ねられたので、「だったら付き合いますよ」と私は答えた。

時津家の門口を出た利明さんの車を追って、私も車を走らせる。

一時間ほどかかって到着した神社は、周囲に田畑が広がる閑静な集落の片隅にあった。

上部が薄《う》っすらと苔生《こけむ》した、古びた石造りの鳥居をみんなでくぐり、境内へと入る。

「素直な気持ちでお詫びをすればいいと思います。きちんと反省する気持ちさえあれば、きっと許してもらえると思いますよ」

私が告げると、拝殿の前に利明さんと柚子香ちゃん、凜香ちゃんが並び、利明さんが拝殿の前に置かれた賽銭《さいせん》箱にお賽銭を入れた。

それから父娘《おやこ》三人揃って二礼二拍一礼をしたのち、瞑目《めいもく》しながら長々と手を合わせた。私はそれを境内の少し離れた場所から、黙って静かに見守っていた。

「ありがとうございます。気持ちの限りですが、お詫びをさせていただきました」

祈り終わってこちらを振り向いた利明さんの言葉に、「そうですか」とだけ答える。

「お疲れのところ、最後までお付き合いいただいて、本当にありがとうございました」

利明さんのお礼を合図にみんなで足並みを揃え、境内を抜けだす。

古びた石造りの鳥居をくぐり抜けて、まもなくのことだった。

ふいに柚子香ちゃんが鳥居の前に、はっとしたような顔で立ち尽くした。

続いてその目からどっと涙が溢《あふ》れ、滝のごとくしとどに頬を濡《ぬ》らし始める。

「どうした、柚子香？」

利明さんが尋ねると、柚子香ちゃんは嗚咽混じりにぼそりと答えた。

「お母さんの声、聞こえた」

「何？　なんて聞こえた？　お母さん、なんて言ったの？」

柚子香ちゃんの言葉にぱっと目を見開き、今度は凜香ちゃんが尋ねる。

「偉かったねって。こんなに悪いことしたのにお母さん、『偉かったね』って言った」

言い終えるや、柚子香ちゃんは声を嗄《か》らすような勢いで泣き叫んだ。

「ずるいよ。わたしには聞こえなかった。なんでわたしには聞こえないんだよ……」

「いいな」と言いながら、凛香ちゃんも声をあげて泣き始める。

「恥ずかしい話をしますけど、ほのかが亡くなってからも、一日たりともほのかのこと、忘れたことはないんです。今でもちゃんと見守ってくれてるんですね」

泣きじゃくる娘たちを両腕に抱き寄せながら、利明さんも両目を滲《にじ》ませながら言った。

「恥ずかしくなんかありませんよ。これからもずっと、忘れないでいてください」

それだけ言って、私はうなずいた。

元日の夢、それからショッピングモールでほのかさんを見かけたという件については、このまま利明さんたちに伏せておくことにした。こんなタイミングで余計な口を挟んで、せっかく起きた母娘《おやこ》の素晴らしい奇跡に水を差すのは憚《はばか》られたからだ。

この世に在りし頃から分かっていたつもりではいたけれど、本当に強い母親だと思う。ほのかさんはこれから先もずっと、この世で一生懸命生きる家族たちを陰ながら優しく、時には強く見守り続けていくのだろうと思う。

死とは決して、結んだ絆《きずな》や縁を断ち切るものではない。たとえ住む世界が変わっても互いに思い合う気持ちがあれば、きっと永遠につながり続けていられるのだ。

そんなことを感じながら神社の前で利明さんたちと別れ、私は家路に就いた。

　それからさらに三十分ほどかけ、自宅へ帰り着いた。

　時刻はそろそろ午前十一時を回りそうになっていた。眠気と疲れで身体がだるい。

　ただ、ひそかに危惧《きぐ》していた背中の痛みが出なかったのは幸いなことだった。

　前庭の車庫へと車を入れ、あくびをしながら玄関戸を開けると、目の前の上がり框《がまち》に、真弓がペルを抱きながら立っていた。

　真弓の足元にはトミーもいて、丸い目を光らせながら私をじっと見あげている。

「おかえりなさい」

「ただいま」

　笑顔で向けられた真弓の言葉に私もあくびを噛《か》み殺し、どうにか笑顔で言葉を返す。

　こうやって心配させるのは、何度目だろう。今度もどうにか無事に切り抜けたものの、お互い心臓によくないことだなと思う。少しは自制したほうがいいのかもしれない。

「お昼、何が食べたい？」

　真弓の問いに思案を巡らせ始めると、元の日常に帰ってきたという実感も湧いてきた。

「あんまり重たくないのがいいな」と答え、私は家の中へと入っていった。

光あれ

それから三週間ほど経った一月下旬。担当編集者の山崎《やまざき》さんから連絡があった。

折り入って大事な報告があるので、できればじかに会って話がしたいのだという。

山崎さんは「拝み屋怪談」シリーズにおける二代目の担当編集者で、二〇一六年夏に上梓《じょうし》した『禁忌を書く』から、ずっと一緒に仕事を続けている。

新刊の打ち合わせなどで顔を合わせる機会もあったが、それは年に数回程度のことで、会うのは都内や仙台の店ばかりだった。

今回はどちらで会うのだろうと思っていたのだが、こちらの予想に反して山崎さんは、わざわざ私の家まで来てくれるという。

そして約束の日。仕事が立てこんでしまった影響で、山崎さんがタクシーで我が家へ到着したのは、すでに日がとっぷりと暮れ落ちた午後の七時過ぎのことだった。

「今日はお忙しいところ、ご足労いただいてありがとうございます」

玄関口で山崎さんを迎えながら感謝の言葉をかけると、「いいえいえ大丈夫ですよ」と笑顔で答えが返ってきた。

山崎さんを仕事場に案内し、いつもの対面相談と同じ形で座卓を挟み、座り合う。

真弓がお茶と茶菓子をだし終えたのを見計らうようにして、山崎さんが口を開いた。

「実は、とてもいいお話があります」

「なんでしょう?」

尋ねた私に山崎さんは、一層笑みを輝かせ、淀《よど》みのない声でこう言った。

「おめでとうございます。『拝み屋怪談』のドラマ化が決まりました」

一瞬、山崎さんが何を言ったのか、理解することができなかった。

彼の説明によれば、私が書いている「拝み屋怪談」のシリーズが、連続ドラマとして実写化されることが決まったのだという。

放送開始は今年の夏を予定しており、これから本格的な製作に入るとのことだった。

戸惑いながらもくわしく事情を聞かせてもらううちに、私はようやく事態を呑《の》みこみ、「すごい」と答えた。

この日、当初の予定では自宅で打ち合わせが済んだあと、山崎さんと街場へ繰りだし、食事をするはずだったのが、彼の到着が遅くなってしまったこともあり、食事はやめて、代わりに私の仕事場で茶菓子を齧《かじ》りながら、遅い時間まで話をした。

突然舞いこんできた思いがけない吉報に、なかなか実感が追いつかない感じだったが、二〇一四年の単著デビューから歩んできた道のりは、しみじみとした感慨を帯びながら、つぶさに振り返ることができた。

山崎さんとふたりで、これまで歩んできた道のりと、これから先に開くかもしれない新しい道筋について語り合っていくうちに、時間はあっというまに過ぎていった。

やがて午後の九時を過ぎ、車で山崎さんを駅まで送っていく車中でも、話は賑々《にぎにぎ》しく、絶えることなく続けられた。助手席に同伴した真弓もようやく事情を知るところとなり、驚き混じりの笑みを浮かべながら私たちの話に聞き入った。

そうして駅まで無事に山崎さんを送り届けて別れたあと。

帰りの車中で私は改めて、真弓に今回の吉報をくわしく語って聞かせた。

真弓も言葉少なに「やったね」「おめでとう」などと答えるのが精一杯だったけれど、多くを語らずとも、彼女の顔に輝く笑みを見るだけで何もかもがうかがい知れた。

真っ暗闇に染まった田舎道を走りながら、真弓と笑みを浮かべて話をしていくうちに、先ほどまでとはまた違った実感も湧いてきた。

なんと、ドラマ化である。身に余る光栄だった。

四年前のデビュー当時、先行きはおろか、右も左も分からない心境でペンを取り始め、悪戦苦闘を繰り返しながら、どうにか仕事が続いてきたという感じだった。

元々実入りの少ない拝み屋の仕事に加え、正直なところ、文筆業も決して人並以上に稼いできたわけではない。文句は一度も言われた例《ため》しはないが、精神的にも経済的にも、真弓にはかなりの苦労を強いてきたという自覚があった。

そんなところに舞いこんできた思いがけない吉報は、これから先の私たちにとって、きっと大きな光になってくれる。そんな予感をひしひしと感じずにはいられなかった。

ようやくこれで、わずかながらも先行きが見えてきた。

今後も慢心せずにがんばり続けていけば、これからもっと私たちは幸せになれる。

そんな期待にも、私はひそかに胸を躍らせていた。

真弓と言葉を重ねながら、真っ暗闇に染まった田舎道に車を走らせ、あと十分ほどで我が家に帰り着く頃だった。

川沿いに延びる細い一本道に車が差し掛かった時、前方から無数の白くて小さな粒が、こちらに向かって飛びこんでくるのが見えた。

初めは雪が降ってきたのだと思ったが、すぐにそれが雪ではないと分かった。

粒の大きさは確かに粉雪ほどのものだったが、真っ白な光を蛍のように瞬かせながら、それぞれが意志を持っているかのように、車の周囲をくるくると円を描いて飛び交った。

粒はヘッドライトの光を浴びて輝いているのではなく、粒自体が光を帯びて輝いていた。

　その光景はまるで、闇夜に咲いた光の花道のように感じられた。

無数の光は車の周囲を一頻《ひとしき》り飛び交ったあと、示し合わせたかのごとく一斉に消えた。

車外が再び黒一色の闇に戻ると、あとは帰宅するまで光は二度と瞬くことはなかった。

前夜

あとにも先にもこの日の夜は、私の人生において最良の晩だった。断言してもいい。私は一生忘れない。

思いがけない吉報から数日が過ぎた、二〇一八年一月二十七日。

未《いま》だ興奮の醒《さ》めやらない私と真弓はこの日の夕方、「ひと足早めのお祝い」と称して、隣町のファミレスへ夕飯を食べに出かけた。

食事が済んだあと、真弓が「猫のご飯を買わなきゃ」と言うので、ホームセンターに立ち寄り、ペットコーナーに展示されている猫や熱帯魚を眺めながら買い物を済ませて帰宅すると、すでに九時を回りそうな時間になっていた。

車庫に車を入れて外へ出るなり、真弓が夜空を見あげて「あっ」と声を漏らした。

つられて見あげた私の口からも、驚きの声が漏れる。

頭上には、満天の星々が輝いていた。

漆黒に染まった闇空に、アクアマリンを思わせる清廉で爽《さわ》やかな水色を湛《たた》えた星々が視界一面を見渡す限り埋め尽くし、煌々《こうこう》と瞬いていた。

ため息を漏らしながら「すごい！」と言った真弓の言葉に、私も「うん」とうなずき、急いで家の中へと入った。写真を撮っておきたかったのである。居間の棚に置いてあるデジカメを引っ掴《つか》み、再び急いで外へ出る。

ところが玄関を飛びだして頭上に視線を向けると、あんなに輝いていたはずの星々は、ひとつ残らず消え失《う》せていた。夜空は濃い暗黒に染まり、雲のかけらすらも見えない。

「星は？」

呆然《ぼうぜん》となって尋ねた私に、真弓も眉間《みけん》に皺《しわ》をよせ、「消えちゃった」と答えた。

ほんの一瞬、目を離した隙に夜空は黒一色に変わってしまったのだという。

「狸にでも化かされたかな？」

こういう時、田舎に暮らしていると、狸は怪異の〝便利な正体〟にできるので助かる。改めて振り返れば、山の裾野《すその》に佇《たたず》むこの家での暮らしは〝狸の怪異〟で始まったのだし、仮にまたぞろ、狸が一枚嚙《か》んでいるのだとしても、ありえない話ではないなと思えた。

まるで、狸が我々のこれからを寿《ことほ》いでくれた。そんなふうにも感じられた。

「うん。じゃあ狸だね」

真弓もすんなり呑みこんだらしく、頭《かぶり》を振りながら笑った。

それから家に入って寝支度を済ませたあと、私は仕事場に籠《こも》って原稿を書き始めた。締め切りが近いこともあり、数日前から夜は仕事場に布団を敷いて、明け方近くまで原稿を書き続けていた。

いつものように座卓の上に開いたノートPCに向かい、一時間ほど原稿を書き進めた午後の十一時過ぎ、真弓が自分の枕とスケッチブックを抱えて仕事場に入ってきた。

「ねえ。邪魔しないから、今日はここで寝てもいい？」

遠慮がちな視線を送りながら、真弓が私に尋ねる。

「いいよ」と返すと、今度はすかさず「猫も連れてきていい？」と訊《き》かれた。

まいったなと思いつつ、これにも「いいよ」と答える。

真弓は「やった！」と微笑み、すぐにペルとトミーを連れてきた。それから私が座る座卓の向かいに陣取り、膝《ひざ》の上に猫たちを乗せながら絵を描き始めた。

そうしてしばらく無言で顔を突き合わせ、互いに作業を進めて三十分ほどが経った頃。

真弓がふいに顔をあげ、「ドラマ、早く観たいね」と言った。

山崎さんから報告をいただいて以来、私たちの話題は、ドラマの件で持ちきりだった。

先刻もファミレスで大好物のドリアとミートソース・スパゲッティを食べながら真弓は、「主演は誰になるのかな？」「怖いのかな？」「わたしもドラマに出るのかな？」などと頻りに話題を持ちだしては、「すごいね、すごいね」とはしゃいでいた。

拝み屋の私なんかと結婚したおかげで、これまでいろいろ怖い思いをしてきたろうに、それでも真弓は、私の書く本をいつも楽しみに読んでくれていた。

彼女は紛《まご》うことなく、私の本のいちばんの読者である。自信を持ってそう言い切れる。

あるいは私以上に、今度のドラマ化を楽しみにしてくれていることも嬉《うれ》しかった。

「始まるまでのお楽しみ」

私が言うと、真弓は「うん」と応《こた》えて、再びスケッチブックに向き直った。


それからさらにしばらくした頃だった。

「ねえ、見て」

真弓が開いたスケッチブックをこちらに見せた。

白い紙の上には、茶トラの猫と黒猫が、大きな目をまん丸く開いて、顔を並べている。

二匹の猫の間には、髪の長い可愛らしい少女が、笑みを浮かべてこちらを見ていた。

「ペルとトミーと加奈江《かなえ》」

少しはにかんだ、子供のようにあどけない笑顔を向けながら真弓が言った。

加奈江というのは私と真弓にとって、とても縁の深い少女である。いろいろと複雑な事情があって、もう会えなくなってはしまったけれど、できればもう一度会いたいねと、時折ふたりで話すことがあった。

「いいね」と笑いかけると、真弓も「うん」と言って微笑んだ。

「ねえ、今書いてる本って、最後はどういうふうに終わらせるの？」

唐突に飛びだした真弓の質問に、私は少し思案を巡らせる。

そしてまもなく、こんな文言が頭の中に浮かんできた。

昔々、宮城県の中部に位置する、小さな田舎町でのお話です。

幼い頃から、人の目には視えないお化けの姿が視える、変わった男の子がいました。

彼は大きくなると拝み屋を始め、やがて山の麓《ふもと》に佇む小さな家で暮らし始めました。

仕事は大変で、悲しいことや苦しいこと、つらいことがたくさんありました。

でも、優しくて健気《けなげ》な奥さんがいつもそばにいてくれたから、どんなことがあっても乗り越えてくることができました。二匹の猫たちも一緒です。

彼らはみんなで力を合わせ、あらゆる困難に負けることなく、がんばり続けました。

そのご褒美としてある日、とても素敵な贈り物を手にすることができたのです。


「そしてみんな、幸せに暮らしました」

「めでたしめでたし」

笑いながら私が答えると、真弓もこちらを見つめて朗らかに笑った。

実際のところ、恐怖と戦慄《せんりつ》をテーマとする怪談実話のシリーズで、そんな終わり方を望む読者がどれほどいるだろうと考えれば、現実的な回答ではなかった。戯言《ざれごと》である。

だが少なくとも、実際の私たちの人生については、心からそれを望んでいた。

　今までお互い、物憂い境遇を耐え忍んで生きてきた分、これから迎える新しい時代は、楽しいことや嬉しいことにたくさん巡り会える、明るい未来が来てほしいと思った。

まもなくすると、真弓は猫たちと一緒に布団へ入った。

真弓の寝息と猫たちのいびきを聞きながら、しばらく原稿を書き続けていたのだが、そのうち私も眠くなってきた。そろそろ寝ようと思い、座卓の前から立ちあがる。

蛍光灯の引き紐《ひも》に手を伸ばしながら、眠る真弓に目を向けると、とても安らかそうな寝顔を浮かべていた。喜びと一緒に、安心してもいるのだろう。

よかったな、本当によかったなと私は思う。

そしてみんな、幸せに暮らしました。めでたしめでたし。

どうかこれから先、そんなふうにみんなで暮らしていくことができますように。

来たるべき祝福の日々に淡い期待を寄せながら、私は静かに電気を消した。

了

本書は書き下ろしです。

拝《おが》み屋《や》怪談《かいだん》　幽魂《ゆうこん》の蔵《くら》

郷内心瞳《ごうないしんどう》

角川ホラー文庫　22222

令和２年６月25日　初版発行

発行者――郡司 聡
発　行――株式会社KADOKAWA
〒102-8177　東京都千代田区富士見2-13-3
電話 0570-002-301（ナビダイヤル）
印刷所――株式会社暁印刷
製本所――本間製本株式会社
装幀者――田島照久

●お問い合わせ
https://www.kadokawa.co.jp/（「お問い合わせ」へお進みください）
※内容によっては、お答えできない場合があります。
※サポートは日本国内のみとさせていただきます。
※Japanese text only

ISBN978-4-04-109606-2　C0193

◇◇◇

角川文庫発刊に際して

角川源義

第二次世界大戦の敗北は、軍事力の敗北であった以上に、私たちの若い文化力の敗退であった。私たちの文化が戦争に対して如何に無力であり、単なるあだ花に過ぎなかったかを、私たちは身を以て体験し痛感した。西洋近代文化の摂取にとって、明治以後八十年の歳月は決して短かすぎたとは言えない。にもかかわらず、近代文化の伝統を確立し、自由な批判と柔軟な良識に富む文化層として自らを形成することに私たちは失敗して来た。そしてこれは、各層への文化の普及滲透を任務とする出版人の責任でもあった。

一九四五年以来、私たちは再び振出しに戻り、第一歩から踏み出すことを余儀なくされた。これは大きな不幸ではあるが、反面、これまでの混沌・未熟・歪曲の中にあった我が国の文化に秩序と確たる基礎を齎らすためには絶好の機会でもある。角川書店は、このような祖国の文化的危機にあたり、微力をも顧みず再建の礎石たるべき抱負と決意とをもって出発したが、ここに創立以来の念願を果すべく角川文庫を発刊する。これまで刊行されたあらゆる全集叢書文庫類の長所と短所とを検討し、古今東西の不朽の典籍を、良心的編集のもとに、廉価に、そして書架にふさわしい美本として、多くのひとびとに提供しようとする。しかし私たちは徒らに百科全書的な知識のジレッタントを作ることを目的とせず、あくまで祖国の文化に秩序と再建への道を示し、この文庫を角川書店の栄ある事業として、今後永久に継続発展せしめ、学芸と教養との殿堂として大成せんことを期したい。多くの読書子の愛情ある忠言と支持とによって、この希望と抱負とを完遂せしめられんことを願う。

一九四九年五月三日